KB203105

추천사

인문학 강사, 신학박사, 그리고 카페지기로 삶을 살아가며 연구하고 복음을 전하는 우리 이수환 목사님, 이 시대에 세상과 소통하고, 믿지 않는 이들과 소통하며, 주 예수 그리스도를 전하는 소통하는 목회자라고 말하고 싶습니다. 세상과 소통하지 않고 오직 우리와 나만이 중요한 이 시대에 <카페지기 신학박사의 인문학 토크>를 통해 우리의 삶을 돌아보고, 이 시대에 우리가 어떤 믿음으로 어떻게 살아야 하는지를 보여주셔서 감사합니다. 특히, 역사적인 인물들을 통하여서 또 근현대 사회를 이끌어 간 기업인들을 예시하며 들려주는 카페지기 신학박사 목회자의 하나님을 향한 사랑과 기도가 이 책을 읽는 많은 영혼들에게 깊은 묵상의 시간이 되며, 주님의 곁으로 안내하는 소중한 만남의 소통이 될 것입니다.

김양선 **(CBS 기독교방송 부장)**

요즘 시대 대부분 사람은 유튜브 혹 미디어에 빠져 삽니다. 인지를 담당하는 전두엽, 언어를 담당하는 측두엽을 잠들게 합니다. 반면, 시각 처리만 담당하는 후두엽만 불이 나도록 과부하에 걸리게 하며 삽니다. 리더는 읽고(reading), 세상을 이끌어(leading) 가는 자라고 합니다. 하지만 대부분 책을 읽지 않습니다. 2022년 우리나라 성인 중 책을 1권도 읽지 않는 사람은 53%였습니다. 책을 읽더라도, 연간 평균 독서량은 4.5권이었습니다. 웹툰이나 웹소설을 읽는 사람이라도 있어서 다행인 형국입니다. 이미 대부분 미디에 잠식당해 미디어 바벨론에 포로로 사로잡혀 있습니다. 이런 미디어 중독의 시대에, 잠자는 우리를 흔들어 깨우려는 분이 있습니다. 바로 이수환 저자입니다. 저자는 우리에게 왜 인문학을 해야 하는지 다시 상기시켜 줍니다. 단지 인문학을 할 이유만 말하는 것이 아니라 정신이 번쩍 들도록 도전해 줍니다. 특히, 예수님, 바울, 종교개혁자들도 다 탁월한 인문학자였듯, 우리도 21세기 인문학자가 되도록 우리 몸을 흔들어 인문학책을 읽도록 권면해줍니다. 게다가 포괄적 인문학의 세계에서 우리가 어떤 부분을 좀 더 명확히 정리해야 할지 족집게 과외 선생님처럼 짚어줍니다. 이 책을 통해 세상과 소통하고, 함께 하는 자들과 소통하는 인문학의 인물이 되길 소망합니다. 이 말을 잊지 않기를 바랍니다. "소통이 없으면, 고통이 있다." 특별히, 교회 지도자, 다음 세대 목회자, 섬김 이들이 인문학책을 읽고, 더욱 다음 세대와 세상 사람들을 이해하고, 소통하며 섬기길 소망합니다.

김영한 **(품는교회 담임목사, Next세대Ministry 대표, '청년아 깨어나라' 저자)**

인문학 열풍이 여전하지만 성도로서 인문학을 어떻게 바라봐야 하는지 늘 궁금했습니다. 하지만 그 궁금증이 이제 풀렸습니다. <카페지기 신학박사의 인문학 토크> 이수환 목사님의 원고를 읽으면서 그동안 가지고 있었던 인문학에 대한 편견과 시각을 교정할 수 있었습니다. 그동안 막연하게 인문학을 좋아했는데 이제는 이 책을 통해 진지하게 관심을 가지게 되었습니다. 책 내용 중에 “인문학은 학문의 형태로 머물지 않는다.”라는 문장이 정말 멋지게 다가왔습니다. 강의실과 책으로 접하는 인문학이 일상으로 돌아와야 한다는 의미입니다. 흥미롭게도 신학 역시 그러합니다. 신학은 일차적으로 하나님에 관한 학문이지만 학문의 형태로만 머물러서는 안 되니까요. 신학(떼오로기아)의 원래 의미대로 일상 중에 우리가 하나님을 말하는, 즉 신학의 일상성을 절대 놓쳐서는 안 됩니다. 이런 맥락에서 저자는 신학과 인문학을 연결시킵니다. 인간에 관한 인문학이 하나님에 관한 신학으로 어떻게 연결되는지 일상적인 언어로 다채롭게 표현합니다. 그래서 고도의 문해력이 없어도 누구나 즐기면서 읽을 수 있습니다. 더욱이 과거의 역사와 현재의 에피소드를 넘나들면서 인문학의 매력을 아주 입체적으로 우리에게 선사합니다. 마치 인문학의 타임머신을 타고 시간여행을 하는 것처럼 말이죠. 무엇보다 저는 이수환 목사님 자신이 인문학을 잘 보여주고 있다고 생각합니다. SNS를 통해 표현되는 목사님의 일상속에는 친근함과 소통이라는 인문학적 키워드가 잔잔히 스며들어 있습니다. 그렇기 때문에 책 내용이 더욱 진정성 있게 다가옵니다. 이런 표현이 가능할지 모르겠지만 ‘인문학적 진정성’을 일상 중에 녹여낸 ‘일상의 인문학자’가 바로 이수환 목사님이라고 생각합니다. 더 이상의 추천의 말은 시간 낭비인 것 같습니다. 기독교 인문학을 부담 없이 접하고 싶은 분들은 <카페지기 신학박사의 인문학 토크>를 꼭 읽어 보시기를 바랍니다.

권율 **(부산 세계로병원 원목, ‘연애 신학’ 저자)**

목회 연차가 지날수록 아쉬운 것이 있습니다. 바로 인문학을 가까이하지 않은 것입니다. 목회 초기만 해도 인간을 잘 몰랐습니다. 책도 거의 읽지 않았었고, 경험도 미천하니 당연한 귀결입니다. 하지만 삶의 현장에서 사람들을 대하며, 책을 읽어 가며 인간을 조금씩 알아갑니다. 그러면서 과거에 인간을 잘 몰라 했던 실수나 잘못을 생각하면 낯이 뜨거워지기도 하고, 그때 인간에 관한 책들을 가까이했으면 어땠을까 아쉬움이 들기도 합니다. 하지만 인문학에 대해 책을 읽으려고 해도 대개 그렇듯이 어떤 책을 읽어야 할지 잘 모릅니다. 게다가 교회 내에서 인문학은 인본주의라고 생각하여 도외시되는 경향이 있기에 잘 소개되지도 않았습니다. 그런데 저자는 이러한 상황에서 기독교와 인문학을 접목하려 끊임없이 시도하고 있습니다. 그 결과 <인문학으로 기독교 톺아보기>에 이어 이 책에서 기독교 인문학을 소개합니다. 그중에서도 ‘인문학, 역사, 신학, 행복, 예배, 감사, 사랑, 믿음, 기도, 가정’이라는 우리에게 익숙한 키워드로 그리스도인에게 그것들의 의미가 무엇인지 소개합니다. 그리고 그리스도인이 한 인간으로서 어떻게 살아가야 할지를 숙고하게 만듭니다. 저자가 이 책을 쓰면서 참고한 자료들은 방대한데, 저자가 인간에 대해 알려고 얼마나 애썼고, 얼마나 치열하게 연구했는지 확인할 수 있습니다. 게다가 목회하시는 목회자로, 교단에서 학생들을 가르치는 교수로, 카페에서 손님들을 대하는 카페 사장님으로서 겪은 경험들이 이 글 속에 배어 있기에 저자가 사람을 얼마나 사랑하는지도 엿볼 수 있습니다.

김민철 **(한솔교회 담임목사, ‘성도는 우리 가족뿐입니다’ 저자)**

본서는 저자의 전작인 <인문학으로 기독교 톺아보기>와 맥을 같이 하는 책으로 전작이 기독교의 핵심 교리를 인문학의 관점에서 설명한다면, 본서는 인문학적 소양의 관점에서 세상을 살아가는 그리스도인의 삶을 하나하나 조명하고 있습니다. 그리스도인의 삶과 연관된 열 가지의 주제, 인문학, 역사, 신학, 행복, 예배, 감사, 사랑, 믿음, 기도, 가정에 대한 사색을 물 흐르듯, 글 가는 데로 전개합니다. 평범한 일상의 삶 속에 어떤 하늘의 가치를 갖고 살아야 하는지를 본서는 찬찬히, 그러면서도 열정적으로 인문학적 논의를 통해 담아내고 있습니다. 이 책은 바로 그런 책입니다.
박성진 **(미국 미드웨스턴침례신학대학교 아시아부 학장, 구약학 교수)**

오래전, 존경하는 스승님이 계셨습니다. 신학자이자 목회자로서 참 따뜻한 분이셨습니다. 그 따뜻함이 얼마나 좋은지 스승님 주변엔 늘 사람들로 가득했습니다. 자애로운 눈빛과 넓은 마음에 많은 이들이 기대어 쉬어갔습니다. 하루는 스승님이 이런 말씀을 하셨습니다. "신학만 하면 사람은 하나님이 되지만, 인문학을 하면 사람은 사람이 된다." 신학을 한다는 명목으로 사람을 함부로 재단하는 이들을 향한 일침이셨습니다. 신학을 했기에 인생의 정답을 나만 안다고 생각하는 아집을 꼬집으셨습니다. 신학을 한다고 무례한 사람이 얼마나 많던가요. 신학생 때에 젊은 치기로 그럴 수 있다지만, 나이가 들어서도 변하지 않으니 문제입니다. 사람들에게 지기 어려운 짐을 지우면서 손가락 하나도 까닥하지 않는 이들이 너무 많습니다. 목회는 사람을 살리는 일입니다. 때문에 반드시 사람을 알아야 합니다. 사람은 어떤 존재이고, 어떤 생각을 하며, 무엇을 위해 사는지 끊임없이 고민해야 합니다. 그래서 우리는 인문학을 공부해야 합니다. 역사, 철학, 문학과 친해져야 합니다. 그래야 사람들과 대화할 수 있습니다. 그들이 서 있는 자리에 찾아가 친구가 될 수 있습니다. 그런 점에서 본서는 참 귀합니다. 인문학의 필요성과 유익을 이렇게 쉽게 설명한 책이 드물기 때문입니다. 인문학을 통해 이해한 사람과 삶의 귀한 통찰을 아낌없이 나누어 줍니다. 무엇보다 목회자로서 따뜻한 마음으로 많은 이들을 품는 저자가 가장 큰 보증입니다. 따뜻한 저자의 메시지가 독자의 마음에 따뜻함을 전해주리라 믿습니다.
서진교 **(함께하는재단 굿윌스토어 사목, '작은 자의 하나님' 저자)**

비 내리는 날. 카페지기 신학박사가 운영하는 Heaven Coffee에 손님이 찾아들었습니다. 빛바랜 노란 우산에 비릿한 냄새를 달고 온 손님. 카페지기에게 에스프레소를 주문하더니 '털썩'공기 속에 자신을 놓아 버립니다. 에스프레소 한잔을 정성스레 내리는 카페지기 신학박사. 눅눅하고 비릿했던 날의 감정을 커피 향에 담고 있는 손님. 빗소리와 음악 소리. 차분한 시선과 바쁜 손놀림. 계절의 민낯에서 각자의 인생을 엮어 가고 있는 두 예술가……. 바쁜 삶 속에서 인문학을 잊고 살아가는 그리스도인을 생각하며 지필했다는 저자의 서문을 읽어 내리며 카페지기 신학박사의 하루 일상을 떠올려 봤습니다. 특이하게 책 제목부터 상상력이 다가옵니다. 저자는 인문학 토크라는 열 가지 주제에 '왜 필요한가?'라는 질문을 던지며 숲속으로 우리를 인도합니다. 나무 한그루 한그

루의 역사를 소개시키며 인성과 지성 그리고 영성과 함께 사픗하게 걷도록 우리를 도와줍니다. 저자의 방대한 지식과 비유 적절한 에피소드는 기독교 인문학의 통합적 사고를 녹아들게 하며 급기야는 신학의 숲을 이루는 하나님 나라를 만나게 합니다. 글 쓰는 자는 손으로, 미식가는 혀로 생각한다는데. 커피 향 찐하게 밴 카페지기 신학박사는 무엇으로 생각하는지 궁금하신 분은 읽어보시길 추천합니다. 카페지기 신학박사를 만나 인문학적 감성과 신학적 은혜로 웃을 것입니다.
장진희 **(그이름교회 사모, '마음에 길을 내는 하루' 저자)**

이수환 목사님의 책을 처음 접한 것은 <인문학으로 기독교 톺아보기>였습니다. 요즘은 인문학에 관한 관심이 높고 목회자들도 인문학 소양을 쌓아야 한다고 이야기들을 많이 합니다. 하지만 나는 한때 인문학을 부정적으로 생각했습니다. 그런데 저자는 그리스도인이 인문학을 신학의 적으로 오해하지 않고, 인문학이 인본주의라고 단정 짓지 말아야 한다고 말합니다. 오히려 자기 세계에 갇혀서 제한적 사고로 살아가지 않고 창조적 사고가 증대되기 때문이라고 말합니다. 본인도 공감하는 바이입니다. 또한 저자는 인문학의 필요성과 역사, 신학, 행복, 예배, 감사, 사랑, 믿음, 기도, 가정을 chapter 별로 설명하며 필요성을 안내하고 있는 네비게이션 같습니다. 이 책을 읽으면 저자가 맛있는 커피를 내려주며 우리의 삶과 신앙에 대한 이야기를 함께 나누는 시간이 될 것입니다. 인문학에 대한 궁금증과 인문학에 대하여 알고 싶다면 카페지기 목사가 매일 다양한 사람들과 만나 이야기하며 삶과 신학을 잘 로스팅한 〈카페지기 신학박사의 인문학 토크〉를 꼭 읽으시길 추천하는 바이입니다.
정민교 **(흰여울교회 담임목사, AL MINISTRY 대표)**

이 책은 인문학적 통찰과 신학 지식 그리고 저자의 삶이 조화롭게 결합 된 멋진 책입니다. 신학대학 교수이면서 목사이며 동시에 카페 사장이기도 한 특별한 이력의 저자는 '인문학'이라는 관점으로 신앙인이 만나게 되는 중요한 주제들을 차근차근 풀어내고 있습니다. 인문학의 필요성을 시작으로, 그 인문학의 눈으로 본 역사, 신학, 행복, 예배, 감사, 사랑, 믿음, 기도, 가정의 필요성을 풀어가는 것을 읽다 보면 처음에 저자가 목적으로 이야기했던 인문학이라는 것이 기독교인들에게 얼마나 중요한 것인지를 알게 됩니다. 특히 저자의 특별한 이력에서 나오는 다양한 경험이, 각 주제에 대한 너무 익숙한 진행과 결론을 넘어서 다양한 이해와 적용을 제공합니다. 또한 책 마지막에 있는 방대한 참고문헌은 저자가 이 주제로 책을 쓰기 위해 드린 진지한 연구 과정이 어떠했을지를 알게 하며, 이후 각 주제의 심화를 원하는 이들에게 좋은 가이드가 될 것 같습니다. 이 책은 신앙과 지성을 결합하여, 중요한 신앙의 주제에 대해 더 깊은 통찰을 얻고자 하는 이들에게 유익합니다. 좋은 교수님의 강의실에 앉아 잘 준비된 한 편 한 편의 강의를 듣는 마음으로 읽어가며, 신앙과 인생의 다양한 고민을 해보실 분들에게 추천합니다.
조영민 **(나눔교회 담임목사, '예수님을 만난 신약의 사람들' 저자)**

인문학과 신학의 만남은 살아감에 있어서 그리스도인이라면 알아야 할 것을 짚어줍니다. 인간의 근원적이고 근본적인 인문학을 신학박사인 저자의 탁월한 글은 삶의 궁극적인 물음에 대해 쉬운 문체로 알려줍니다. 인문학적 사고를 키우는 그리스도인이 되기 위해서는 우물 안 개구리처럼 갇혀있는 사고를 하지 않도록 노력해야 합니다. 통찰력과 소양을 갖춘 사람으로 한 걸음 나아가는 사람이 되어야겠습니다. 매사 노력하고 성실히 임하시며 열정이 가득한 저자의 저서 출간을 축하드립니다.
황지원 **(사랑의교회 집사, 지원이의 독서 기록지 블로그 운영자)**

카페지기 신학박사의 인문학 토크

카페지기 신학박사의 인문학 토크

·**초판 1쇄 발행** 2023년 11월 15일

·**지은이** 이수환
·**펴낸이** 민상기
·**편집장** 이숙희
·**펴낸곳** 도서출판 드림북
·**인쇄소** 예림인쇄 **제책** 예림바운딩
·**총판** 하늘유통

·**등록번호** 제 65 호 **등록일자** 2002. 11. 25.
·경기도 양주시 광적면 부흥로 847 경기벤처센터 220호
·Tel (031)829-7722, Fax 0504-269-6969

·독자의 의견을 기다립니다.
·드림북은 항상 하나님께 드리는 책, 꿈을 주는 책을 만들어 갑니다

카페지기 신학박사의

인문학 토크

이수환 지음

인문학적 감성과
신학적 은혜로 만나기

드림북

프롤로그

"인문학을 잊고 살아가는 그리스도인에게 말한다."

인간에게 도움을 주는 인문학은 선택보다 필수다. 본서는 일상에서 함께 살아가는 존재인 인간이 함께 공존해야 할 세상에 대한 이해와 공동체의 일원으로 살아가기 위해 몸부림하는 인간이 인성과 함께 지성을, 높은 안목의 영성을 지녀야 함을 제시하였다.

날마다 새로운 일상에서 삶을 살아내야 하는 존재가 인간이다. 그 일상에서 삶으로 나타내 보이는 인간이 되어야 한다. 그에 걸맞은 교양을 갖추어야 할 존재가 인간이다. 우리 시대 한 인간으로 그리스도인이 교양을 갖추려면 신학과 동시에 인문학적 소양까지 공부해야 한다. 문제는 인간이 인문학을 이웃하거나 친구로 생각하지 않고 적으로 간주하는 경향성이 강하다.

그리스도인은 인문학을 신학의 적으로 오해하지 않고, 인문학이 인본주의라고 단정 짓지 않아야 한다. 그 이유는 원래 신학과 인문학은 대립적인 관계가 아니다. 이것은 근대 이후 소수 학자의 주장이다. 그리스도인은 여러 인문학을 공부해야 한다. 그것은 자기 세계에 갇혀 제한적 사고로 살아가지 않고 창조적 사고가 증대되기 때문이다. 성경과 함께 인문학은 사람의 마음을 얻어 낼 수 있고, 사람에게 감사의 마음을 담아낼 수 있다.

그리스도인은 하나님을 아는 지식, 즉 신학을 공부한 사람이다. 이제 인간을 알기 위한 인문학적 사고가 필요하겠다. 그리스도인이 인문학적 사고를 하지 않으면 어떻게 되는가? 그리스도인이 세상을 너무 모른다는 말을 듣게 될 뿐만 아니라 무모하게 신앙과 신학의 위대성만을 외치게 된다. 결과적으로, 그리스도인은 대화가 통하지 않는 사람으로 오해받는다. 그리스도인은 인문학적 소양을 갖추어야 한다. 닫힌 사람이 아니라 열린 사람의 그리스도인이 되기를 바란다. 그리스도인은 통하는 사람으로 통하고 싶은 사람이 되어야 할 것이다.

저자가 들려주는 이야기의 토크 주제를 다룬 것은 인문학과 기독교의 태도로 그리스도인이 어떻게 살아갈 것인가를 생각해 보았다. 인문학의 토크 주제는 삶의 길을 걸어가는 일상을 새롭게 하시는 하나님과 직접 관련된다. 본서는 COVID-19 시기 가운데 목회와 대학 강의, 카페를 운영하며, 바쁜 일상에서 인문학을 잊고 살아가는 그리스도인에게 이야기하려고 쓴 책이다.

2023년 11월

수지구청역 근처 Heaven Coffee에서

이수환

차 례

인문학 토크 01

인문학은 왜 필요한가?

일본 인문학자 모리모토 안리(森本 あんり)는 자신의 책 『반지성주의』에서 하버드대학교(Harvard University)의 교육 제도를 다룬다. 처음부터 순수하게 기독교와 청교도적인 대학으로 알려진 하버드대학교는 목회자 양성의 주안점을 두고 처음부터 거기에만 한정하지 않았다. 더불어 일반교양을 교육하는 내용으로 포함했다. 그것은 일반교양 교육이야말로 청교도 목회자에게 필요한 전문적인 교육이라 생각했다. 당시 하버드대학교의 학위 취득 단계의 순서는 첫 단계로 교양학 학사, 두 번째 단계로 교양학 석사, 세 번째 단계로 신학 학사, 마지막 단계가 신학박사였다. 이러한 하버드대학교의 교육과정은 기독교 성직자에게 최적의 직업 교육이었다.

이처럼 인문학은 힐링이나 이데올로기 비판의 도구가 아니라 탁월한 역사적 인물을 만들기 위한 공부와 훈련의 방식이다. 더 많은 사람이 인간다운 삶에 공헌하는 것은 인문학의 목표라고 볼 수 있다. 더 멀리 더 넓은 더 큰 안목으로 그런 책임을 다하려는 노력은 인문학이 나아가야 할 방향이다. 인간에게 목적을 둔 가치관이라는 뜻으로 이해하면 좋을 듯싶다. 인간의 이해와 더 나아가서는 하나님의 이해가 함께 걸어야 하는 인문학은 왜 필요한지에 대하여 살펴보자.

인문학으로 진선미의 인생을 살라

아시듯 인문학은 인간에 대한 학문에서의 출발점이다. 모든 학문은 인간이 이룩한 문명과 더불어 발달했다. 고도 문명의 발달로 그에 따른 인간의 연구와 역사 또한 깊어졌다. 사전상에 인문학(人文學, Humanities)은 인간과 인간의 근원 문제, 인간과 인간 문화에 관심을 가지거나 인간의 가치와 인간만이 지닌 자기표현 능력을 바르게 이해하기 위한 과학적인 연구 방법에 관심을 가지는 학문 분야다. 인간의 사상과 문화를 탐구하는 학문을 말한다.

연세대학교 명예교수로 철학자인 김형석은 인문학을 인간과 역사에 나타나는 사상을 연구하는 학문으로 보았다. 자연과학이나 인간이 필요로 하는 자연을 연구의 대상으로 삼아 사회과학이 인간의 사회적 삶을 연구하는 학문이면 인문학은 그 어디에서도 속하지 않는 인간 자체를 연구하며 인간의 삶을 이끌어가는 사상을 연구하는 학문이다. 특히 미국 국회법에 규정된 내용을 중심으로 인문학은 이렇게 정의한다. 인문학이란 언어, 언어학, 문학, 역사, 법률, 철학, 고고학, 예술사, 비평, 예술의 이론과 실천, 그리고 인간을 내용으로 하는 학문을 포함하는 것으로 요약된다. 다시 말해, 인문학은 인간에 대한 탐구를 목적으로 하는 학문이다. 오늘날 많은 이들이 문학, 역사, 철학, 예술, 종교 등 다양한 분야에서 인생의 본질을 찾는다. 말 그대로 여전히 인문학의 열풍이 불고 있다.

라틴어로 인문학은 '후마니타스'(Humanitas)로 '인간다움'이라는 말이다. 인문학의 용어를 최초로 만들어낸 고대 로마 정치가이자 철학자가 마르쿠스 키케로(Marcus Tullius Cicero, B.C. 106~43)다. 그는 탁월함을 추구하는 인문학의 효용가치를 그의 책 『시인 아르키아스를 위한 변론』(Pro Archia Poeta, B.C. 62)에서 '후마니타스'가 처음 등장한다. 역사적인 인물들은 한결같이 탁월했다. 이러한 탁월함을 습득하고 훈련하기 위해 인문학의 도움을 받았다. 키케로는 인문학의 궁극적인 목적을 젊은 사람들의 마음을 바르게 지켜 주고, 나이 든 사람들의 마음을 행복으로 안내한다. 또한 풍요로운 삶을 가져다줄 뿐만 아니라 우리가 역경 속에 처해 있을 때 마음의 안식과 평화를 준다라고 말했다. 인문학의 필요를 이보다 더 정확히 표현할 수 있을까?

인문학은 출발하는 그 순간부터 인간을 위해 존재한다. 젊은 사람들의 마음을 바르게 지켜 준다. 나이든 사람들의 마음을 행복하게 해준다. 우리가 시련과 역경에 처해 있을 때도 마음의 안식과 평안을 얻는 원천이 인문학이다. 그래서 키케로가 시련을 극복하고 불굴의 용기를 주는 힘이 인문학에 있음을 호소한 것이다. 안타까운 것은 로마제국 시대의 키케로가 강조했던 인문학의 존재 이유와 필요성은 중세 시대에 다시 잊게 되었다. 암흑시대가 유럽 전체로 도래했다. 그래서 인간 됨의 본질에 대한 성찰은 개인의 종교적 책무로 돌리는 전환기를 맞았다. 키케로가 추구하던 지도자의 덕목이 있다. 이 덕목을 고양하기 위한 것이 인문학적 교육의 중요성이다. 이것을 교회 지도자인 사제를 위한 교육으로 대체했다.

2019년 말, 전 세계에 코로나(COVID-19) 감염병이 발병했던 것처럼, 1348년에도 전 유럽을 강타했다. 이러한 공포로 인문학의 관심이 쇠퇴 되었고, 중세의 특징으로 작용했다. 인구의 3분의 1이 감염병으로 죽어 나갔다. 중세 유럽인들은 죽음의 공포에 시달려야만 했다. 그들은 죽음의 심판 앞에서 전전긍긍하며 천국행을 바라는 하루하루를 보냈다. 그러나 인간 됨의 의미를 성찰하기는커녕 종교적 의무감에 시달렸다. 자연히 인문학의 관심 또한 줄었다. 이러한 폐쇄적인 중세 인문학을 다시 한번 부활시킨 사람이 있다. 바로 르네상스 인문주의 운동의 아버지로, 14세기 이탈리아 문학가 프란체스코 페트라르카(Francesco Petrarca, 1304~1374)와 『데카메론』(The Decameron)의 저자 페트라르카와 함께 14세기 피렌체 르네상스를 이끌었던 세 문인 중 마지막 인물인 조반니 보카치오(Giovanni Boccaccio, 1313~1375)다. 페트라르카는 고전을 즐겼고, 이어 도서관을 지어 토론의 장을 마련했다.

페트라르카와 더불어 피렌체 출신의 인문학자 보카치오는 인문학의 고향인 고대 그리스 정신을 르네상스 시대에 부활시켰다. 르네상스 인문학의 초석을 다져놓은 것이다. 키케로의 인문학, 즉 '후미니타스' 를 르네상스 시대에 부활시킨 패트라르크카의 공헌이 컸다. 그는 베로나에서 키케로가 쓴 『아티쿠스에게 보낸 편지』(Ad Atticum)를 1345년 우연히 발견했다. 편지 형식으로 쓴 이 책에서 고대 로마의 빛나는 정신을 재발견했다. 페트라르카는 약 1400년 전에 집필된 키케로의 라틴어를 보고 충격을 받았다. 중세 시대에 사용하던 라틴어와는 비교할 수 없을 정도로 고차원적 언어 세계가 펼쳐졌다. 그 내용 또한 충격적이었다. 그것은 인간의 본질과 의무에 대한 철학적 통찰력이 심오했기 때문이다.

페트라르크카와 보카치오를 비롯한 동시대의 르네상스 인문학자들은 키케로의 글들을 접했다. 로마제국 시대를 동경하게 되었다. 키케로의 라틴어 문장과 그의 사상을 모방했다. 재현하려는 그의 노력으로 키케로의 인문학이 다시 르네상스의 꽃 피렌체에서 부활하는 전기를 맞았다. 르네상스 인문주의자들은 키케로의 인문학을 재발견했다. 그래서 인간이 되기 위한 덕목으로 역사, 도덕, 철학, 문법, 수사학, 시를 공부해야 했다. 이러한 교육과정을 거친 이들은 어른이 되어 그 사회나 조직의 리더가 되었다.

로마제국 시대	르네상스 시대	근대와 현대	추구하는 정신
역사로부터 얻는 지혜	역사	역사	진
도덕적 판단력	도덕 철학	철학	선
글과 말로 대중을 설득하는 능력	문법, 수사학, 시	문학	미

시대와 공간을 초월하는 인문학 성찰은 그 기본정신이 있다. 그 정신은 탁월함을 추구하는 진선미(眞善美)의 인생을 사는 데 있다. 인문학적 성찰은 무엇을 의미하는가? 그것은 대학에서 전문연구자들이 수행하는 인문학 연구가 아니다. 탁월함을 추구하며 진선미의 인생을 사는 것이다. 모든 인간이 지켜야 할 인문학적인 의무가 아닌가 싶다.

페트라르카는 일반적인 고전을 발굴하고 수집했다. 더는 인문학의 진보로 성경에 각별한 관심을 보였다. 아마 그가 없었다면 인문학과 기독교는 대립 관계로 남았을 것이다. 특히 기독교와 인문학의 관계성은 페트라르카가 르네상스 시대의 서사시 전통이 아우구스티누스(St. Augustinus, 354~430)[1]의 『고백록』(The Confessions)에 뿌리를 두었다. 사실 페트라트카의 인정은 아우구스티누스의 글에 담긴 성찰과 겸양(자기를 내세우거나 자랑하지 않는 태도로 남에게 양보하거나 사양함)의 미덕에서 비롯된 것이다.

페트라르카는 그의 고전들을 자신의 안내자로 삼았다. 그것은 한 여인 로라에 대한 육신의 사랑에서 하나님에 대한 경건한 사랑으로 이동했다. 피조물에 대한 우상적 사랑에서 창조주에 대한 참된 사랑으로 이동하기 위한 도구로 활용했다. 페트라르카의 『나의 비밀』(Secretum Meum)이라는 작품을 보면, 인문학적 활동 안에서 수

1 아우구스티누스는 플라톤의 철학을 반영하여 교부철학을 공고히 하였고, 후기에는 토마스 아퀴나스가 아리스토텔레스의 철학을 반영하여 스콜라철학을 이끌었다. 아우구스티누스의 기독교 사상은 플라톤 철학에 많은 영향을 받았다. 아우구스티누스는 하나님이 세계를 창조하였고, 이데아는 하나님의 생각 속에 존재하는 것으로 보았다.

사학적 신학(theologia rhetorica)의 유형을 만들어냈다. 그리고 자신을 도덕적인 상담사며, 시적 수사학적 신학자요, 혼란에 빠진 자들의 안내자로 확인했다. 이처럼 페트라르카는 기독교와 인문학 사이에 대립 관계보다, 오히려 조화로운 관계로 보았다. 기독교와 인문학의 조화를 신앙과 이성의 조화로 보는 안목이 그리스도인에게 필요하다.

인문학으로 사람에게 감동을 주라

영국의 작가 윌리엄 몸(William S. Maugham, 1874~1965)은 인문학이 사람에게 감동을 주는 이유가 기교 때문이 아닌 정서 때문이라고 말했다. 인문학은 더는 대학 강단에서만 접할 수 있는 단어가 아니다. 이제 가정에까지 이미 들어와 있다. 일상생활만 보더라도 많은 기업이 제품에다 스토리텔링의 감성적인 마케팅을 접목했다. 더는 제품의 설명보다는 그 제품에 인문학적 요소를 가미시켰다. 그러한 이야기는 거리나 가정의 TV로 감동을 주고 있다. 이미 수많은 인문학 이야기를 바로 옆에서 듣는다.

요즘 서점가에서도 인문학 요리, 인문학 여행, 인문학 지리, 인문학 패션, 인문학 디지털, 인문학 경제, 바캉스 인문학, 청소년 인문학, 아이를 위한 인문학, 커피 인문학, 동물 인문학, 인문학 기독교 등 다양한 분야에서 책들이 소개되었다. 이제 인문학자들의 전문적인 활동을 뛰어넘었다. 사람들이 살아가는 모든 삶의 흔적에는 꼭 인문학이 존재한다. 이처럼 인문학은 하나님의 세계를 관찰하는 현미경과 같은 중요한 역할을 하는 것이다.

인문학의 주인, 하나님

인문학은 인간에 대한 학문이다. 이것은 인간의 자기 인식의 과정이자 인간에 대한 열망이라는 자기 정체성을 가진다. 나는 누구인가? 인간다운 삶은 무엇인가? 이것을 탐구하는 학문적 소양을 끌어 올리는 것이 인문학이다. 인문학은 또한 하나님이 인간들에게 일반 은총으로 주신 세계들을 잘 이해하도록 한다. 기독교 인문학은 기본적으로 이해를 추구하는 신앙, 즉 나를 이해하기 위해 믿는 표현으로 요약된다.

세상의 모든 존재가 그들을 창조하신 하나님의 계획, 즉 하나님의 지식에 의존한다는 것을, 태초에 하나님이 우리에게 가졌던 그 지식이 우리들의 삶을 측량하는 기준이 된다는 것을, 삶의 의미는 우리를 창조하신 하나님과 분리되어서 존재할 수 없다는 것을, 기독교 인문학이 추구하는 인생의 의미다. 이러한 목적은 오직 인간을 만드신 하나님에게서만 찾을 수 있다. 국민대학교 역사학 교수 고재백은 기독교 인문학의 정의에 대해서 여전히 학문적으로 논쟁 중이지만, 간단히 말하자면 신앙을 고백하고 신실한 기독인이 하는 인문학이라고 보았다. 특히 교회를 섬기기 위해 사용되는 인문학을 뜻한다.

그러고 보면, 모든 학문의 근원은 하나님에게 이른다. 그러한 문학적 언어는 동시에 역사적 언어로, 예술적 언어다. 이렇게 세상이 말하는 인문학은 바로 하나님의 것이다. 그것을 제대로 전달하는 것이 성경이다. 인문학이 답을 제시하는 것이라면, 성경은 바로 답을 선포하는 기독교 인문학에 대한 바른 인식이다. 세상의 지식은 분명하게 한계를 지닌다. 그 한계를 극복하는 것이 바로 성경에 있다. 우리는 잘 알고 있지만 그것을 찾기란 쉽지 않다. 기독교 인문학은 인문학을 통해 하나님을 어떻게 찾아가야 하는지, 하나님이 주인 되는 삶, 성경의 삶을 올바로 실천해 나가는 길을 열어 준다. 하나님의 뜻을 세상에 전하는 그리스도인들과 앞으로 그의 행보를 따르는 한국교회는 기독교 인문학의 새로운 바람을 일으켜야 할 것이다.

인문학자, 예수님

인문학은 무엇보다 세상과 사람에게 정통하도록 한다. 그런 의미에서 예수님은 인문학자셨다. 예수님은 소통의 달인이셨다. 예수님은 사람들과 함께 공감하며 하나님 나라를 전하셨다. 당시 이렇게 하나님 나라를 전하는 분은 예수님뿐이셨다. 사람과 함께 어울리며, 사람과 함께 먹고 마시며, 사람과 이웃하며 생활하셨던 분이 예수님이셨다. 그런 성육신하신 예수님을 깊이 생각해 보면, 인간 이해에 관심이 어느 정도인지를 알 수 있다. 예수님은 인간들에게 베푸시는 구원의 탁월함을 보여 주셨다. 예수님은 이스라엘 회중에게 설교하실 때 설득의 기법인 수사학을 사용하셨다. 예수님은 청중과 소통하기 위해 비유를 사용하셨다. 비유법은 곧 수사학이다. 수사학은 인문학의 중심에 서 있는 학문이다. 누구보다 인간을 이해하셨던 예수님은 핵심을 찌르는 설명을 하셨다. 설득을 위해서라면 논증을 펼치셨다. 이것이 바로 예수님의 인문학이다. 인문학자이신 예수님은 십자가의 사건을 통해 하나님의 영원한 사랑 안으로 모든 사람을 초대하신다.

예수님은 하늘의 언어를 가지고 유머 넘치는 땅의 언어로 사용하신 인문학의 대가이셨다(마태복음 7:28-29). 무언가 달랐던 예수님의 말씀은 당시 종교 지도자들인 서기관과 같지 않았다. 그분의 말씀은 하나님에게로 나왔기 때문이다. 그 말씀은 하늘의 음성을 유머와 해학이 넘치는 땅의 언어였기 때문이다. 그 말씀은 새로운 힘과 권위가 있었고, 인간을 이해하는 짙은 공감이 있었다. 이처럼 예수님의 인문학은 하나님뿐만 아니라 사람을 바라보게 하는 따뜻한 공감을 만들어 준다. 돈으로는 살 수 없는 것들은 뭐가 있을까? 인문학자셨던 예수님은 희망, 우정, 사랑, 배려, 열정, 미래, 시간, 생명 등을 만들어 주셨다.

2015년 11월, 경기도 고양시 덕양구에서 14명 그리스도인과 개척한 행신침례교회가 있다. 이 교회를 담임했던 김관성 목사(현재 울산낮은담교회 담임)는 지난 2021년 6월 29일에 페이스북에다 이런 내용의 글을 올렸다.

"우리 교회 김문주 권사님이 계신다. 2년 전에 우리 교회에 오셔서 등록하시고 한 가족이 되었는데, 곧바로 일본에 일이 있어 가신다고 떠나셨다. 구체적으로 떠나시는 이유를 설명하지 않으셔서 무슨 일이 있나 보다 생각했다. 일본에서 2년 동안 사시고 지난주에 다시 교회를 찾아오셨다. 사연인즉슨, 우리 교회에 등록하기 전 8년 동안 일본에서 사는 동안, 혼자 사시는 일본 할머니를 전도하셨는데, 그 할머니가 갑자기 쓰러지셨다는 소식을 듣고, 돌봐줄 가족도 지인도 전혀 없다는 사실을 알기에 자신이 가서 그 역할을 해야 한다고 생각해서 그렇게 일본으로 다시 떠나셨다고 오늘 심방 중에 말씀하신다. 그것도 8년간 연락이 끊어진 사람을 말이다. 쓰러지신 일본 할머니에게 매달 들어간 병원비가 100만 원이 넘었는데, 그 비용도 혼자서 다 감당하시고 곁에서 돌아가실 때까지 2년간 돌보시고 장례까지 다 마무리하신 후에 지난주에 귀국하셨다. 그렇게 외롭게 살다가 생을 마무리하는 그 영혼이 너무 불쌍해서 한없이 우셨다. 와! 요즘 세상에 이런 일이 있을 수 있나? 정말 놀랐다. 이야기를 들으면서 세상을 이기는 믿음이 이런 것이구나 싶었다. 지난주에 '작은 능력을 가지고 말씀을 지키고 내 이름을 배반하지 아니하였도다' 그렇게 칭찬받은 빌라델비아교회를 설교하면서, 자기의 삶에 조건을 원망하지 말고 어떤 상황에서도 자기가 할 수 있는 일을 감당하며 신실하게 걸어가자고 외쳤는데, 그 말씀에 정확하게 일치하는 분이 우리 권사님인 것 같다. 천하보다 더 귀한 한 영혼을 위해, 자기 생을 드린 귀한 권사님을 하나님께서 복 주시길 간절히 기도한다. 우리 권사님도 혼자 사시는 분인데, 하나님 제발 좀 따뜻한 마음이 차오르네. 저도 권사님을 닮은 목사로 살고 싶다. 갑자기 이런 분을 앞에 두고 설교하는 일이 두렵다."

이렇듯 인간에게 따뜻한 공감을 던지는 것이 인문학이다. 그들의 이야기가 아닌 우리들의 이야기처럼 친근하게 만든다. 인류의 구원자이신 예수님은 공생애 기간을 통해 두 현장에서 지속하게 유지하셨다. 선포하는 일과 가르치는 일, 치유하는 일을 통해 예수님의 사역은 하나님 나라였다. 그 사역은 하나님의 왕적 통치가 이 땅의 삶에 실현하는 결과로서의 구원이었다. 예수님은 오늘날 넓은 의미의 인문학적 공부를 폭넓게 재현하셨다. 인간과 자연, 세상과 죄악, 깨달음과 회개, 구원과 해방의 문제에 예수님은 간단명료하게 괘나 심오한 앎의 선물을 후세에 남겨주셨다.

인문학의 전성시대가 이 땅에 도래했다. 한국적 르네상스가 예수님을 통하여 어울리며 말씀을 공부하고 깨우침을 사모하는 현장은 여전히 드물다. 유머와 재치로 예수님의 가르침의 자취는 이 세상에서 희미하다. 그래도 인문학의 지적인 양심을 걸고 예수님의 선포와 가르침과 치유하는 일을 위에서 언급한 대로 김문주 권사처럼 예수님의 실종된 전통 한 가닥을 꼭 언급하고 거기에 물꼬를 대어야 할 것이다.

인문학 멘토, 바울

신약성경에서는 바울의 스토아 철학의 인문학적 용어나 문구를 종종 찾을 수 있다. 예컨대 로마서에서 "영원하신"과 "신성", 그리고 "순리대로" 또는 "합당하지"와 같은 용어들이다. 바울이 스토아 철학에서 받아들인 인문학적 개념이다. 당시 기독교 공동체에서는 그런 용어를 사용하지 않았다. 바울은 스토아 철학에 영향을 받은 인문학자였다. 그는 기독교에 그리스 철학을 끌어들인 최초의 장본인이다. 간혹 그리스 철학으로 예수의 가르침을 최초로 오염시킨 자다. 과도한 공격을 몸소 받았던 인문학자가 바울이다. 종교개혁자들은 바울을 16세기 기독교 인문학자들의 위대한 선구자라 평가했다.

바울은 신학만을 고집하지 않았다. 인문학을 통해 그는 유대인과 헬라인, 로마제국 시민들에게 다가가 복음을 전했다. 예수님은 물론 그리스도인의 멘토가 바울이다. 그는 세상과 인간과 소통했던 당시의 신학자이자 인문학자였다. 그는 하나님과 청중의 가운데 서 있었다. 그는 하나님의 마음과 사람의 마음을 알아차렸다. 하나님을 알기 위해서는 신학이 필요하나, 인간을 알기 위해서는 인문학이 필요하다. 현대 인문주의라는 문예사조 안에서 철학, 문학, 문헌학, 수사학과 같은 인문학이 신학에 영향을 끼쳤다. 이 분명한 사실에 그리스도인은 신학과 동시에 인문학도 깊이 공부해야 할 것이다.

인문학 선구자, 종교개혁자들

스위스의 종교개혁자 울리히 츠빙글리(Huldrych Zwingli, 1484~1531)는 인문학의 선구자다. 그는 스토아 철학, 특히 세네카에게 푹 빠져 있었다. 기회 때마다 그는 세네카를 좋아한다는 말을 공공연히 할 정도다. 그런 말을 그의 책 『섭리에 관하여』에서 볼 수 있다. 제목부터 속 내용까지 세네카의 책은 기독교 판처럼 보일 정도로 유사하다. 이러한 인문학 삶이 묻어나는 자유로움의 츠빙글리는 이웃을 위해 살았다. 그는 사람이 다른 사람을 위한 존재라고 인식했다. 그는 우리가 우리 자신을 위해 이 세상에 태어나지 않고 모든 사람을 위한 모든 존재가 되기 위해 이 세상에 태어났기 때문이라고 말했다. 인문학은 학문적으로 깊이 심화한다. 이러한 츠빙글리의 심화된 인문학은 우리가 속한 공동체에도 확장되어야 할 것이다.

종교개혁에서 그 시작과 마침표를 찍은 두 사람이 있다. 인문학자이자 신학자며, 종교개혁자로 유명한 마틴 루터(Martin Luther, 1483~1546)와 존 칼빈(John Calvin, 1509~1564)이 그들이다. 먼저, 1536년 비텐베르크대학교 교수였던 루터는 40조로 인문학적인 접근 방법으로 인간을 정의했다. 고대 그리스의 위대한 철학자 소크라테스(Socrates, B.C. 470~B.C. 399)는 철학의 궁극적인 목적을 "너 자신을 알라."라는 것이었다. 인간이란 무엇인가를 알면 자신이 어떤 존재인지를, 그리고 누구인지를 알 것 같다. 하지만 반드시 그런 것은 아니다. 인간과 자신은 어느 정도 연관이 있으나 근본적으로 다른 차원에 있다.

이러한 가장 중요한 질문을 루터는 인간 이해를 로마서 3장 28절인 "그러므로 사람이 의롭다 하심을 얻는 것은 율법의 행위에 있지 않고 믿음으로 되는 줄 우리가 인정하노라(로마서 3:28)에서 찾았다. 여기서 관점은 그의 칭의론과 그의 창세기 강의를 통해 잘 나타난다. 그의 인문학은 철학과 신학이 제시하는 인간 이해였다. 그는 자신의 신학적인 이해를 세상에 드러냈다. 인문학에서 철학은 인간을 사고하는 이성적 존재로 규정한다. 그러나 루터는 이 철학적 인간 이해를 비판했다. 오히려 그는 구원사의 인간 이해를 통해 바울 서신이 말하는 오직 믿음으로 의롭게 된다는 것이다.

칼빈과 같은 종교개혁자들의 공통점은 부패한 가톨릭교회와 교황청에 저항했다. 그들은 이론적 대안과 돌파구로 고전 인문학을 연구했다. 1523년 말, 칼빈은 파리대학교의 몽테귀대학(Coll ge de Montaigu)에서 철학과 수사학 등을 배웠다. 1526년부터 1528년 사이에 교양학부를 졸업한 칼빈은 오를레앙대학교(Orleans University)에서 프랑스 법률가들의 황태자 피에르 드 레투알(pieree de L'Estoile)에게 민법을 배우기 위해 파리를 떠났다. 나중에 들어간 부르주대학교(University of Bourges)에서 그는 인문학을 접했다. 이러한 인문학은 칼빈의 상상력을 자극했다. 이후 그가 인문학을 자신의 특수한 목적에 맞춰 활용했다.

23세 때, 칼빈은 1532년 4월 4일에 첫 번째 책을 자비로 출간했다. 2년 동안 매달려 쓴 책은 신학책이 아닌 『세네카의 관용론 해석』(Calvin's Commentary on Seneca's de Clementia)으로 인문학책이다. 칼빈을 비롯한 당시 기독교 인문학자들은 철학, 문헌학, 논리학, 수사학 같은 제반 인문학을 모두 중시했다. 칼빈과 함께 제네바 아카데미를 설립한 초대 학장을 지낸 그의 제자 종교개혁자 데오도르 베자(Theodore Beza, 1519~1605)가 있다. 그는 칼빈이 당시 인문학자들처럼 해마다 스토아 철학의 거두 키케로의 수사학에 관한 책들을 꺼내어 다시 읽었다고 말했다. 1545년 발표한 칼빈의 『자유사상가들에 대한 논박』이라는 논문과 『기독교 강요』(Institutes of the Christian Religion)에서 1559년 최종판에 실린 그의 섭리론에는 세네카에게서 받은 영향이 여전히 남아 있다.

특히 영국의 신학자로 옥스퍼드대학교(University of Oxford) 교수인 알리스터 맥그래스(Alister E. McGrath, 1953~)는 그런 기독교의 강요를 하나님과 인간이 서로 묻고 답하는 형식의 변증법을 주요 원리로 훌륭하게 활용했는데, 이는 명사론에 토대를 둔 것이다. 명사론으로 접근한 인식론의 아주 중요한 문제가 생애 말기 칼빈의 신관을 지배하였다. 인간이 이해한 하나님과 하나님 자신은 어떤 관련이 있는가? 하나님이라는 용어와 이 용어가 가리키는 형식상의 실재는 어떠한 관련이 있는가? 여기에서 한 걸음 더 깊이 들어간 생각들의 기저에는 이런 질문이 도사리고 있었다. 인간의 관념은 어떻게 구성되었는가? 쟁점이 되는 관념이 하나님에 대한 관념의 경우 이는 신학적으로 아주 중요한 질문이다.

그렇지만 칼빈의 사상 가운데 파리대학교 시절 명사론를 지지하는 교사들에게 영향을 받은 것으로 보이는 부분들은 그 뒤에 접한 정신 운동, 특히 인문주의의 영향으로 볼 수도 있다. 칼빈은 평생 엄격한 신학자로 살았지만 동시에 신실하고 뛰어난 인문학자였다. 종교개혁을 학문적으로 정립한 사람이 인문학자라 시사하는 바가 크다. 과거 교회는 사람의 정신을 깨웠으나 이제 그 역할을 세상 인문학이 하고 있다는 것이 아쉬움으로 남는다.

인문학으로 사람을 이해하라

세상은 인간의 이해가 없는 기독교를 멀리한다. 그 이유는 기독교가 사람에게 관심을 가지지 않아서다. 사람들은 세상에서 불안한 삶을 산다. 어떻게 살 것인가에 더 집중한다. 교회는 그에 대한 답을 제시하지 못한다. 인간이 무엇에 집중하고 있는지를 간과한다. 인간이 무엇에 집중해서 사는가는 인문학의 책에서 말한다. 서점가에 인간 이해의 책들이 늘려있다. 그만큼 사람들의 삶이 힘들다는 말이다. 미래가 불확실해서 사람들은 기독교가 힘든 삶에 관심 가져 주기를 바란다. 하지만 기독교는 힘든 사람보다 가진 사람에게 관심을 가진다. 그래서 사람들은 기독교 대신 기독교 역할을 하는 것에 마음을 돌리는 것이다.

인문학은 인간 이해에 통찰력을 준다. 세계적인 많은 경영자가 인문학으로 경영한다. 상상력이 인간을 연구하는 인문학에 바탕을

둔다. 인간을 감동하게 한 IT 기기는 바로 인문학적 소양을 갖춘 인재의 상상력에서 시작되었다. 애플(Apple)의 아이폰이 단순히 기능만 뛰어난 IT 기기가 아니다. 세계 사람들이 그만큼 열광하는 이유가 있다. 아이폰에는 사람 중심의 문화와 가치를 따지는 인문학적 사고가 고스란히 녹아있다.

그래서 미국 마이크로소프트(Microsoft) 창업자 빌 게이츠(Bill Gates, 1955~)는 인문학이 없었다면 나도 없고 컴퓨터도 없다 할 정도였다. 애플의 공동 창업자였던 스티브 잡스(Steve Jobs, 1955~2011)도 내 상상력은 기술과 인문학의 교차점에서 나온다고 했다. 그리스도인은 어떤가? 대부분 인문학을 하나님에게 방해작업이라 생각한다. 그리스도인의 독서는 많게 신앙 서적에 그치고 있다. 사람을 이해하는 인문학의 독서를 하지 않는 데 있다. 그것은 한국 목회자가 인문학 독서를 하나님에게 가까울 수 없는 그릇된 학습으로 보기 때문이다.

따라서 그리스도인은 이웃하고 있는 사람을 이해해야 한다. 즉 인문학의 옷을 입어야 한다. 그리스도인의 삶은 신앙뿐만 아니라 인문학이다. 인문학으로 그리스도인은 이웃하고 있는 사람을 사랑하고 복음을 증거 해야 한다. 인문학은 신앙을 통한 사람과의 공감과 소통의 가교의 역할을 한다. 인문학으로 그리스도인은 인간 이해의 다양한 측면을 사용해야 한다. 인간 이해를 그리스도인은 인문학에 깊은 관심을 가져야 한다. 인문학은 인간 이해를 뛰어넘어 그리스도인의 깊은 통찰을 얻게 한다. 삶의 위기를 극복할 힘을 제공해 준다. 위기 극복의 지혜를 얻기 위해, 문제의 대안을 찾기 위해, 그리스도인은 왜 인문학이 필요한가에 대한 질문을 해야 할 것이다.

인문학으로 교양 시민답게 살라

인문학의 출발은 로마제국 시대다. 그때 교양 시민을 양성하기 위한 일반교육이다. 이후 인문학은 중세 시대에 침체를 겪었다. 르네상스 시기에 와서 신(神)과 대비되는 인간(人間)에 대해 관심을 가졌다. 이러한 관심이 학문의 방향으로 바뀌면서 재탄생했다. 이렇듯 한국의 교양 시민으로서 살아야 하는 그리스도인은 교양이 사회의 리더보다 높아야 한다. 교양을 갖추려면 인문학의 도움이 필요하다. 신학을 공부하면 영성을 갖추게 된다. 그다음은 인문학을 공부해서 교양을 갖춰야 한다.

최근 인문학의 열풍에도 불구하고 교회가 세상에 진리와 해갈을 안겨다 주지 못한다. 신앙만을 강조하다 보면, 개교회주의로 흐르게 된다. 개교회주의로 흐르면 목회자들은 큰 교회를 짓는 일에 몰두한다. 옆을 보지 못하고 교회만을 위해 기도하게 된다. 교회는 자신이 아니라 세상을 위해, 국가와 민족을 위해 봉사해야 한다. 세상과 국가, 민족을 위해 일하려면 인문학의 소양을 갖춰야 한다.

영성을 갖춘 그리스도인이 인문학까지 쌓을 때 교회는 물론 사회를 균형 있게 세울 수 있을 것이다.

인문학으로 그리스도인답게 살라

인문학은 자기성찰의 출발이다. 나는 누구인가 스스로 끊임없이 질문을 던져야 한다. 거기에 머물러서 안 되고, 갈망과 사랑을 통해 이웃에게 관심을 실천해야 한다. 에로스의 마음으로 쇠사슬에 묶여 있는 동료와 이웃을 해방 시켜야 한다. 진정한 이데아의 세계로 초청하겠다고 간절히 소망해야 한다. 이런 정신을 실천했던 인물이 바로 고대 그리스가 인간에게 남긴 인문학의 유산이다. 그가 마케도니아의 왕이었던 알렉산드로스(Alexandros, B.C. 356~B.C. 323)[2]로 함께 잘 살기 위해 세상 끝까지라도 가서 문명을 전하겠다고 말했다. 연세대학교 교수 김상근은 인문학의 가치는 모든 사람과 나누며 사는 것이 진짜 인문학이라고 말했다.

인문학은 관점이 중요하다. 목걸이로 비유하면 관점은 보석을 연결해 주는 줄로 비유할 수 있다. 관점이 있는 인문학의 독서는 읽은 책의 내용을 배열해 주는 역할을 한다. 인문학으로 관점이 얼

2 알렉산드로스는 그리스, 페르시아, 인도에 이르는 대제국을 건설하였으며, 그 정복지에 다수의 도시를 건설하여 동서 교통과 경제 발전에 기여하였고, 그리스 문화와 오리엔트 문화를 융합한 헬레니즘 문화를 이룩하였다.

마나 힘이 있는지 그 사례를 유대인들에게서 찾아볼 수 있다. 그들은 디아스포라로 2,500년을 타문화에서 살았다. 타국의 문화에 흡수된 것이 아니다. 성경에 등장하는 요셉, 느헤미야, 다니엘, 에스라와 같은 탁월한 인물이 그들이다. 당시 유대인들의 자랑과 이러한 전통은 현대에도 그대로 전승된다. 그들이 이처럼 자신의 탁월한 정체성을 지킨 이유가 있다. 다름 아닌 가정과 회당, 학교에서도 토라를 배경으로 인문학 관점의 독서를 하고 있기 때문이다.

역사에서 고대 그리스의 철학자 프로타고라스(Protagoras)의 저작물은 B.C. 411년에 아테네에서 불태워져 한 줌의 재가 되었다. B.C. 213년에는 중국의 진시황(秦始皇)이 왕국 내에 모든 책을 불태워 대중의 책 읽기는 종지부를 찍었다. B.C. 16년에 로마는 예루살렘에 있던 유대인 도서관을 마카비 전쟁 중에 교묘하게 파괴했다. A.D. 303년에 디오클레티우스(Diocletius) 황제도 기독교의 책을 몽땅 불태우도록 명령했다. 네로(Nero)와 히틀러(Adolf Hitler), 스탈린(Joseph Stalin), 김일성(金日成)과 같은 독재자도 책을 불태웠던 지도자로 유명하다. 왜 그들이 이런 악행을 범했을까? 그들은 모두 독서의 힘을 믿었다.

인문학 독서는 개인을 지성인으로 만든다. 더욱이 사회를 건강하게 만든다. 이 독서는 자신의 기득권을 과감하게 내려놓게 한다. 삶의 궁극적인 관심사로부터 다시 시작하게 한다. 모든 사람이 구원받는 삶을 지향한다. 그리고 인문학 독서는 다음 세대의 삶과 영원을 꿈꾸게 한다. 오늘의 성공에 도취 되지 않고 내일의 실패에 두려워하지 않는다. 부단히 도전하고 개척하는 여정의 방향으로 인도한다. 삶의 모든 영역에서 성경을 묵상하는 것도 인문학적 독서다. 이것을 잘하는 그리스도인에게 성장하는 키가 된다. 그리스도인은 성경을 묵상하고, 인문학을 독서 할 때 그 저자만큼 사고한다. 인문학의 주요한 성경 묵상과 독서를 할 때 사물을 판단할 수 있다. 인간은 마음을 새롭게 하여 성장할 수 있다.

인문학으로
하나님의 사랑을 설명하라

그리스도인은 왜 인문학에 관심을 가져야 하는가? 그러면 하나님을 더 잘 설명한다. 성경 전체에서 가장 중요한 단어가 하나님이다. 그래서 그리스도인은 하나님의 사랑, 하나님의 구원, 하나님의 공의, 하나님의 긍휼 등을 들을 때 감동한다. 성경은 하나님의 사랑으로 가득 차 있다. 그리스도인은 하나님의 사랑을 느끼는 순간에 마음이 따뜻해지고 은혜를 받는다.

한약방에서 약을 조제 할 때 항상 들어가는 것이 약초다. 바로 단맛을 내는 감초다. 그래서 약방의 감초라는 말이 있다. 성경에서 약방에 감초같이 들어가는 것이 바로 하나님의 사랑이다. 그러므로 인문학으로 그리스도인은 인간을 이해함으로써 이웃하는 사람에게 하나님의 사랑을 연결해 주는 것이다.

구약성경 39권 중에 호세아서는 끝까지 사랑해 주시는 하나님의 사랑을 언급했다. 호세아서는 언약에 신실하신 '헤쎄드'(חֶסֶד)의 하나님으로 잘 보여 주는 텍스트다. 그래서 사회에서 역사적 사명감을 소홀히 여기는 그리스도인은 인정받지 못한다. 온 인류가 겪고 있는 자유, 평등, 사랑의 문제는 믿음, 소망, 사랑에 못지않게 중요하다. 1789년에 일어난 프랑스 혁명의 중요한 핵심 가치는 자유와 평등과 사랑이다. 당시 프랑스의 가톨릭교회는 국민에게 자유, 평등, 사랑을 주지 못했다. 교회나 국가 전체가 불행에 빠졌다. 러시아의 10월 혁명도 교회가 기독교의 정신을 상실하자 그에 대항했다. 당시 러시아의 국교는 동방정교회였다. 동방정교회는 왕족과 귀족과 결탁해 부와 권력을 누렸다. 진정한 그리스도인은 교회 밖으로 나와야 한다. 교회뿐만 아니라 세상에서도 하나님 나라를 꿈꿔야 한다. 믿음, 소망, 사랑과 마찬가지로 자유, 평등, 사랑이 얼마나 소중한가? 이 가르침을 받은 그리스도인이 하나님을 잘 설명할 수 있다.

결론적으로, 인문학이 왜 필요한지를 살펴보았다. 인문학은 학문의 형태로 머물지 않는다. 여러 속담 중에 "전어 굽는 냄새에 집 나간 며느리가 돌아온다."라는 말이 있다. 집 나간 인문학을 다시 강의실 책상으로, 일상으로 돌아오게 하는 것이 그리스도인의 사명이다. 인문학에 열린 마음은 참된 진리를 전하는 좋은 기회다.

웨슬리 웬트워스(Wesley Wentworth, 원이삼, 1935~) 선교사는 1965년에

한국으로 들어왔다. 그는 한국교회 지식인들의 성경적 기독교 세계관 형성에 크게 공헌한 미국의 문서 선교사다. 1935년 미국 매사추세츠주 노스햄턴에서 태어나 버지니아공과대학교(Virginia Polytechnic Institute and State University) 시절 기독교학생회(IVF) 선교단체를 통해 예수님을 인격적으로 영접했다. 그는 IVF에서 소그룹 리더, 문서 담당자, 선교 담당자로 섬겼다. 그는 문서 사역과 선교에 많은 관심을 가졌기에 대학원을 졸업 후 미국 엔지니어로 일하다가 서울시 하수처리시설 건설에 자원했다. 그리고 그는 1965년 한국에 와서 한국기독교학생회출판부(IVP) 고문, 기독교학문연구회, 기독교대학설립동역회 설립, 광주기독병원 건축 등을 도왔다. 그의 사역은 전형적인 비즈니스 선교(BAM)에 해당한다.

웬트워스는 총신대학교 교수를 지낸 하비 콘(Harvie M. Conn, 1933~1999) 선교사와 부산 고신대학교 교수를 지낸 하도례(Theodore Hard, 1925~) 선교사, 그리고 오늘날 한국의 많은 기독교 지성인들의 문서 사역을 도왔다. 그는 대단한 직위와 업적을 갖추지 못했다. 자신은 가난하고 검소하게 살았다. 자신의 모든 재산을 털어 다른 이들에게 기독교 문서를 보급했다. 겸손과 순수함, 정직함에 기독교 세계관을 보여 준 사람이었다. 그는 한국기독교의 지성과 교육계에 공헌한 사람으로 평가받았다. 그는 힘들었으나 한국에 사는 것이 하나님의 은혜라고 말했다. 그가 만난 그리스도가 자기 삶의 의미를 준다고 한다. 그는 미혼으로 인생을 문서선교에 헌신했다. 그의 형수는 한국인이다. 그는 한국교회에 '기독교 세계관', '기독교적 학문의 중요성', '신앙과 삶이 하나로 통합되는 생활방식'과 같은 주제에 공헌했다.

그리스도인들의 책임은 과거 어느 때보다 더 막중하다. 인문학을 통한 기독교 정신은 역사에 희망을 준다. 교회가 사회에 평화와 행복을 베풀지 않으면 하나님의 뜻을 망각하는 것이다. 개인이 절망과 사망에 있을 때 교회는 희망과 구원의 메시지를 선포해야 한다. 인문학을 통해 기독교는 인간에게 가르쳐야 한다. 어디서 왔는가? 무엇을 위해 살아야 하는가? 어디로 갈 것인가? 이것을 가르쳐야 한다. 인간의 마음과 심정, 그 성격과 인생관을 완전히 새로운 방향으로 바꾸어야 한다. 새로운 인간으로 살 수 있도록 도와야 한다. 이러한 인생의 목적과 그 의미를 가르쳐 인생의 진리를 밝혀주는 데 인문학이 존재하는 것이다.

인문학 토크 02

역사는 왜 필요한가?

요즘 고급 스포츠 가운데 하나를 꼽으면 아마 골프를 떠올릴 거다. 고려 시대 귀족들이 즐겼던 고급 스포츠는 매사냥이었다. 매를 날려 보내면 이 매가 토끼나 꿩 같은 작은 짐승들을 탁 잡아채 온다. 저마다 자기 매를 가지고 모여서 내기를 했다. 귀족들에게 인기 만점인 스포츠였는데, 사냥용 매가 굉장히 비쌌다. 야생에 있는 매를 그냥 날려 보낼 수는 없어서다. 새끼일 때부터 훈련하며 길러야 한다. 오랫동안 길을 들여야 하는 만큼 귀할 수밖에 없다. 그래서 매의 주인은 자기의 매에 하얀 깃털을 매달아뒀다. 자기 이름을 써서 달아 둔 것이다.

한마디로 이름표다. 이것을 떼면 도둑질이다. 이 이름표를 '시치미' 라고 한다. 매가 비싸니까 어떤 사람은 시치미를 떼어내고 마치 그 매가 자기 것인 양했다. 시치미를 떼고도 모른 척했다. 여기에서 '시치미 떼지 말라' 는 말이 유래된 것이다. 요즘도 이런 말을 많이 쓴다. 이렇게 들으면 역사란 참 재미있게 들린다. 옛날에도 사람 사는 모습은 다 비슷했다는 점이다. 조금만 인문학에 관심을 가지면 역사의 흔적을 통해 우리가 많은 것을 배우는 역사는 왜 필요한지에 대하여 살펴보자.

역사와 끝없이 대화하라

사전상, 역사학(歷史學, Historiography)이란 선사시대로부터 현대에 이르기까지 정치, 경제, 사회, 문화, 종교 등 인간 활동에 관한 제반(諸般) 조사, 연구를 수행함으로써 과거의 사료를 평가, 검증하는 과정을 통해 역사적 진실 규명을 추구하는 학문을 말한다. 한 마디로, 역사학은 역사를 잘 기록해서 다시 읽는 학문이다. 근대 역사의 아버지로 불리는 독일의 역사학자 레오폴트 폰 랑케(Leopold von Ranke; 1795~1886)가 있다. 그는 역사학을 있는 그대로의 역사를 보존하는 것이 역사가의 몫이라고 말했다. 즉 실증주의 사관을 주장했다.

반대로, 이탈리아 역사학자 베네데토 크로체(Benedetto Croce, 1866~1952)는 역사학을 과거를 있는 그대로 기술하는 것은 불가능한 일이라고 말했다. 과거의 모든 인물과 사건과 상황을 다 담아낼 수 없는 역사의 기술에는 역사가의 판단과 그가 속한 시대의 관점과 상황이 투영된 역사가의 선택이 필히 개입할 수밖에 없다는 것이다. 크로체의 이러한 주장은 역사가의 선택을 받지 못한 사건이나 인물이나 상황들은 버려지고 잊혀진다는 것이다.

과거 중심적인 역사학자 랑케와 현재 중심적인 역사학자 크로체의 주장을 절충한 영국의 역사학자 에드워드 카(Edward H. Carr, 1892~1982)는 역사학을 과거의 객관적인 사실과 현재의 시대적인 상황 모두를 인정하며 두 가지 모두가 다 보존되는 역사관, 즉 역사는 과거와 현재의 끊임없는 대화라는 개념을 제시한다고 말했다.

역사학은 과거도 버리지 않고 현재도 무시하지 않는 절충적인 개념이다. 역사학자들은 이러한 관점에서 역사학을 역사가 없는 학문이 없기에 신학, 법학, 의학, 철학과 같은 모든 학문을 취급한다. 이로써 지성과 감성과 의지와 기술과 사회성의 유기적인 회복을 도모하는 복합적인 훈련이다. 역사학은 연도나 사건, 그리고 사람의 이름을 외우는 학문이 아니다.

역사학 대표 강사 최태성은 그의 책 『역사의 쓸모』에서 역사학은 접근법을 바꿔 과거 그 시대 사람들을 만나보는 것으로 보았다. 그 시대에 나랑 비슷한 나의 사람들은 어떤 삶을 살았을까? 어떤 절망이 있고 어떤 희망이 있었을까? 한 번 생각해 보는 거다. 과거의 인물에게 감정이입을 해보는 것이다. 역사를 통해 사람 사는 세상은 과거나 현재, 미래도 크게 다르지 않다. 역사는 과거와 현재의 끝없는 대화다. 역사를 사람들은 미리 벽을 쳐버리는 경우가 많다. 역사의 인물을 과거의 사람으로 치부한다. 그냥 이름을 외우고 업적을 외우는 데서 끝나지 않아야 한다. 역사를 제대로 공부하면 과거와 이야기를 나눌 수 있다. 문자에 불과한 이야기가 생명력을 얻게 된다. 역사는 재미와 의미를 전해줄 것이다.

역사 속에서 인물을 만나라

역사는 인물을 선택하는 경우가 많다. 역사를 공부할 때 눈앞에 보이는 글자만 읽는 경우, 죽어 있는 텍스트로 접할 경우가 많다. 역사 속에 들어가 인물들과 만나야 한다. 이러한 질문을 던져보자. 꿈이 무엇인가? 왜 그런 일을 하는가? 그 선택에서 후회는 없는가? 꿈은 이루어지는가? 그리고 이렇게 자신에게 물어보고 답하는 상상을 해보는 거다. 나라면 어떻게 했을까? 자기의 삶에 대입해서 답하는 것이다. 그러면 보이지 않던 것이 보인다. 얻지 못했던 것을 얻기도 한다.

역사는 무엇보다 사람을 만나는 공부다. 고대부터 근현대에 이르기까지 긴 시간에 많은 삶의 이야기가 고스란히 녹아있다. 그들의 이야기를 읽다 보면 절로 가슴이 뛴다. 그러한 삶을 살았던 그들의 고민과 선택, 행동에 깊은 감정이입이 일어난다. 그들을 계속 만나다 보면 좀 더 의미 있게 살기 위한 고민을 하게 된다. 그렇지 않으면 역사의 구경꾼으로 남을 수밖에 없다. 힘든 세상에서 그들의 삶을 뚜벅뚜벅 걸어가는 법을 배우게 된다. 그것이 바로 역사의 힘이란다.

사람은 살면서 장애물을 꼭 만난다. 장애물로 생각해서 회피하는 사람이 있다. 반면 장애물이 나를 훈련 시키는 선물로 생각하는 사람이 있다. 전자인가? 후자인가? 사람이 어떻게 생각하느냐에 따라 인생이 분명 달라진다. 장애물이란 피해야 할 대상이 아니라 높이 날아오를 힘을 모아주는 도약이다. 크게 반겨야 할 대상이다.

커다란 바위에 묶여 꼼짝없이 밤낮으로 세찬 바람에 시달렸다. 그런 프로메테우스(Prometheus)가 쇠사슬에서 풀려나 세상으로 다시 돌아왔다. 이처럼, 넬슨 만델라(Nelson R. Mandela, 1918~2013)에게도 자유의 서광이 비쳤다. 그는 마침내 국제사회의 도움으로 1990년에 석방되었다. 27년 만의 일이다. 전 세계는 만델라가 석방되던 날 기쁨과 함께 놀랐다. 감옥에서 풀려난 그의 입에서 나온 첫 마디가 무엇일까? "땡 큐!" 다. 미소를 머금고 "나는 아무도 원망하지 않습니다." 라고 말했다. 그에게서 세계인들은 진정한 자유와 평화를 느꼈다. 73세 나이가 믿기지 않을 정도다. 활기차고 건강한 모습을 한 만델라에게 기자가 물었다. "보통 사람들은 5년 만 수감생활을 해도 건강을 잃고 폐인이 되어 나오는데, 27년 동안이나 감옥에 계셨던 선생님은 어떻게 이처럼 건강할 수 있습니까?"

만델라는 태양처럼 빛나는 얼굴로 대답했다. "나는 감옥에 있는 동안 하나님께 늘 감사를 드렸습니다. 하늘을 보면서도 감사하고, 땅을 보면서도 감사했습니다. 음식을 먹으면서도, 물을 마시면서도 감사했지요. 강제 노동을 나갈 때면 다른 죄수들은 원망스러운 마음으로 끌려갔지만, 나는 감옥보다 넓은 자연으로 나갈 수 있어서 감사했습니다."

남아프리카공화국 제8대 대통령을 지낸 넬슨 만델라는 장애물을 만났을 때다. 먼저, 하나님께 감사했다. 의식주와 노동과 환경에도 감사했다. 극복하고 지혜로운 삶을 배우기 위해 사람을 만나야 한다. 우리도 역사를 그렇게 대했으면 좋겠다. 이처럼 역사는 사람을 만나는 일이다. 역사 속에는 인물마다 가지고 있는 이야기가 다르다. 우리에게 주는 메시지 또한 모두 다를 것이다. 희망을 품게 하는 역사적인 인물들을 공부해야 한다.

힘든 세상 희망마저 없다면, 앞으로 나아갈 동력을 잃어버린 것이나 다름없다. 네덜란드 철학자 바뤼흐 스피노자(Baruch Spinoza, 1632~1677)는 두려움은 희망 없이 있을 수 없고 희망은 두려움 없이 있을 수 없다고 말했다. 다시 말해, 두려움을 느끼는 모두는 어떤 형태의 희망을 품고 있다. 인생의 항로에서 방향키를 놓치지 않아야 한다. 언젠가 나의 노력도 역사의 수레바퀴와 맞물려 순풍이 불어온다. 결실의 때는 있을 것이다. 희망을 품고 두려움을 껴안은 채 현재를 한 걸음 한 걸음 앞으로 나아가자.

역사의 현주소를 알라

역사는 크게 두 가지로 나눈다. 신적인 역사와 인간적인 역사다.

신적인 역사는 성경이다. 성경에 담긴 인간의 역사는 특정한 개인과 관점, 특정한 민족이나 국가의 관점, 특정한 시대의 관점이 아니다. 어떤 편견도 섞이지 않은 성경의 관점에서 해석해야 한다. 역사와 관련 성경은 두 가지의 시간이 등장한다. 하나는 크로노스(Χρόνος)로 연대기적 시간을 말한다. 다른 하나는 카이로스(Καιρός)로 섭리적인 시간이다. 크로노스는 과거에서 현재다. 현재에서 미래로 일정한 속도와 방향으로 흘러가는 연속적인 시간이다.

카이로스는 특정한 사건의 발생, 특정한 인물의 출생 혹은 등장, 특정한 일의 성취가 일어나는 시점을 의미한다. 이러한 이중적인 시간관에 역사는 연대기적 역사와 섭리적 역사로 구분된다. 비록 구분은 하지만 분리되지 않고 공존한다. 시간 속에서 연대기적 흐름은 하나님의 다양한 섭리들로 빼곡하게 채워진 그릇이다. 혹은 하나님에 의해 정해진 섭리적인 시간의 촘촘한 배열이다. 이처럼 역사로서 기독교는 크로노스와 카이로스로 공존한다. 기독교 역사 속에서 배제의 율법과 포용의 은혜는 늘 상극적인 평행을 달린다. 이 상황에 따라 적절한 방식으로 섞이거나 균형을 잡아야 한다.

역사의
주인은 하나님이시다

아프리카에 히포의 주교였던 아우구스티누스(Saint Augustine of Hippo, 396~430)는 역사의 주인을 시간조차 당신께서 만드신 것이오니 당신이 만드시기 전에는 아무 시간도 지나갈 수 없었나이다고 말했다. 알파와 오메가 되시는 하나님은 태초부터 지금까지 인류를 위해 일하신다(요한복음 5:17, 로마서 8:34). 하나님은 왼손이 일하는 것을 오른손이 모르도록 보이지 않게 일하신다. 하나님을 인간은 믿음의 눈으로 역사를 보아야 한다. 그렇지 않으면 크로노스, 즉 연대기적 역사만 인정하게 된다. 카이로스, 즉 섭리적인 역사를 부정하게 된다. 인간은 역사의 주인을 존재하는 믿음의 눈으로 보아야 한다. 시간은 하나님의 영광이 펼쳐지는 최고의 영역이다. 그래서 기독교의 역사는 하나님의 존재에 대한 확신으로 출발한다. 하나님의 만물과 역사의 창조주, 주권자이심을 그리스도인들은 믿는다. 우주와 역사의 기원에 대해 우연 발생론이나 불가지론, 우주 빅뱅론과 진화론과 같은 과학이론 혹은 유물사관이나 전통적인 신화적 이래를 따르지 않는다. 또한 종교나 철학이 말하는 자연법칙이나 순환론을 따라 역사를 이해하지도 않는다.

일반적인 역사는 역사의 주인공인 왕과 장군들을 중심으로 역사를 기록한다. 이러한 역사는 영웅을 만들어내고 그들을 모델로 앞장세운다. 그러나 하나님의 역사는 그것과 다르다. 하나님은 영웅을 기록하지 않는다. 하나님은 평범한 사람의 머리카락까지 다 세신다(마태복음 10:30). 작은 자 중에 냉수 한 그릇이라도 주는 자를 기억하신다. 귀중하게 보시는 분이 바로 역사의 주인이신 하나님이시다(마태복음 10:42).

역사의 섭리자 하나님은 인간에게 자유의지를 허용하셨다. 그 역사의 한복판에서 인간과 만나신다. 역사의 진행 과정에서 하나님은 인간을 사용하시고 인간과 동행하신다. 그래서 인간은 도덕적 책임자이며, 동시에 역사적 행위자가 된다. 역사 속에서 하나님은 인간을 배제하는 관계가 아니라 동행하는 관계자로 계신다. 물고기는 물에서 살 듯이 인간은 역사 안에서 살아간다. 역사 속에서 그리스도인은 하나님과 만나 동행하며 하나님 나라를 이루어 가야 한다.

연예인 김수미 씨가 심각한 우울증으로 고통을 겪고 있을 때였다. 김수미 씨의 남편이 사업 실패로 빚더미에 올라앉아 쩔쩔매는 상황까지 맞이했다. 그렇게 되니까 돈 많던 친구들도 김수미 씨를 외면했다. 김수미 씨는 급한 대로 동료들에게 아쉬운 소리를 하면서 몇백만 원씩 돈을 빌렸다. 뒤늦게 그 사실을 알게 된 연예인 김혜자 씨가 김수미 씨에게 정색하며 이렇게 말했다.

"얘 넌 왜 나한테 돈 빌려달라는 소리를 안 해? 몇백씩 꾸지 말고, 필요한 돈이 얼마나 되니?" 라며 김수미 씨 앞에 통장을 꺼냈다. "이건 내 전 재산이야. 나는 돈 쓸 일이 없어. 다음 달에 아프리카 가려고 했는데, 아프리카가 여기에 있었네. 다 찾아서 해결해. 그리고 갚지마. 혹시 돈이 넘쳐나면 그때 주든가!" 김수미 씨는 그 통장을 받아 그때 졌던 빚을 모두 청산했다. 또 꽤 오랜 시간이 걸렸지만, 그 돈을 모두 갚았다. 피를 이어받은 사람도 아닌데, 친해봐야 남인데, 자신에게 전 재산을 내어준 것에 정말 크게 감동했다. 입장을 바꿔 김혜자 씨가 그렇게 어려웠다면 자신은 그럴 수 없었을 거라 말했다.

김수미 씨는 김혜자 씨에게 이렇게 말했다. "언니! 언니가 아프리카에 포로로 납치되면, 내가 나가서 포로교환 하자고 할 거야! 난 꼭 언니를 구할 거야!" 그렇게 힘들고 어려울 때 자신을 위해 전 재산을 내어준 김혜자 씨에게 김수미 씨는 자신의 목숨도 내놓을 수 있는 정도의 사랑을 가지게 되었다. 이렇게 해보면 어떨까? 친구든 가족이든 또 소외된 이웃이든 아주 작은 도움부터 실천에 옮겨 보면 어떨까? 김혜자 씨의 삶은 역사의 주관자 되시는 하나님의 사명인 그리스도인의 정체성을 잘 보여 준 사례다.

역사로 방향을 잡아라

하나님은 사람에게 역사를 배우라 요구하신다. 성경을 통해 하나님은 그의 백성들에게 역사적 존재로 살 것을 요청했다(신명기 32:7, 욥기 8:8-10). 하나님은 성경을 읽는 독자들에게 역사 배우기를 말씀하신다. 일반 역사에서도 그런 것처럼 성경은 역사를 통해 사람을 알 수 있다. 사람은 하나님이 사랑하라고 말씀하신 중심 대상이다. 그에 대한 앎은 너무나 중요하다. 사람을 알기 위해 역사를 공부하는 것이다. 지극히 당연하며 그것이 성경의 근거가 되기 때문이다.

권정생(權正生, 1937~2007)[1]은 대한민국을 대표하는 아동문학가다.

1 그는 기독교적 믿음을 바탕으로 가난하고 소외된 것들에 대한 사랑을 아름답게 표현한

그는 일본 도쿄의 빈민가에서 강아지 똥처럼 태어났다. 일제에 의해 유린당하던 식민국 노동자의 아들로 태어났다. 그 때문에 멸시와 천대를 한 몸에 받았다. 일본이 패망한 후, 1946년 외가가 있는 경상북도 청송으로 귀국했다. 하지만 빈곤과 6.25 전쟁 등으로 가족들과도 헤어졌다. 그는 객지를 떠돌며 땔감 장수, 담배 장수, 가게 점원 등 온갖 힘든 일을 하다가 폐결핵, 늑막염 등의 병을 얻었다. 1957년 경상북도 안동시 일직면으로 돌아왔다. 어려운 가정 형편으로 1965년 가출했다. 그러다가 1966년 다시 돌아와 마을의 교회 문간방에서 종지기로 살았다.

그의 대표 작품인 『강아지 똥』처럼 그는 천대받고 괄시받는 삶을 살았다. 하지만 그의 동화는 민들레꽃처럼 영원히 피는 한국동화의 꽃이 되었다. 이름난 동화작가가 된 후에도 교회 뒤 언덕에 지은 대문도 울타리도 없는 흙집에서 살았다. 그의 이름 정생(正生)처럼 바른 삶을 살기 위해 눈물을 흘렸다. 그가 흘린 눈물은 하나님의 눈물이었다. 그는 개구리, 풀무치, 박새, 강아지, 두데기 등과 더불어 살았다. 그리고 고희(古稀)의 나이에 하늘나라로 돌아갔다. 1969년 『강아지 똥』을 시작으로 40년 가까이 쓴 동화는 그가 친 종소리만큼이나 많은 사람에게 큰 울림을 주었다. 더러운 똥을 꽃으로 승

것으로 평가된다. 그의 저서로는 동화집으로 『강아지 똥』, 『사과나무밭 달님』, 『하느님의 눈물』, 『몽실언니』, 『점득이네』, 『밥데기 죽데기』, 『하느님이 우리 옆집에 살고 있네요』, 『한티재 하늘』, 『도토리 예배당 종지기 아저씨』, 『무명 저고리와 엄마』, 『또야 너구리가 기운 바지를 입었어요』, 『깜둥 바가지 아줌마』 등이 있고, 시집 『어머니 사시는 그 나라에는』, 수필집 『오물 덩이처럼 뒹굴면서』, 『우리들의 하느님』 등이 있다.

화시킨 권정생 문학은 역사를 통해 배울 점이다. 한국교회의 그리스도인들이 지향해야 할 사명과 비전을 제시한다. 낮은 곳보다 높은 곳만 탐닉하는 현대인들이 많다. 지나치게 이기적인 삶의 현대인들에게는 민들레꽃 같은 희망의 복음을 전해준다.

역사를 통해 배우는 그리스도인이 되어야 한다. 사람의 역사를 통해 하나님을 알게 된다(이사야 46:9). 옛적 일 즉 역사를 통해 하나님에 대한 정확한 이해가 이루어진다. 일반 역사에서도 교훈을 얻게 된다. 물론 역사에서 사건이나 사람에 대한 도덕적 판단을 경계해야 한다. 대부분 역사적인 사례들은 도덕적 존재로서 사람이 어떻게 살아갈 수 있을까에 대한 교훈이다. 그리스도인은 크고 작은 곳에서 사회를 이끌 역사의식을 갖추는 일이 중요하다. 그리스도인의 선택은 많은 사건과 사람에게 영향을 미친다. 한 사람의 선택이 사회의 문화를 형성한다. 그 사회에서 살아가는 한 사람 한 사람에게 다시 영향을 미친다. 그리스도인이 내뱉는 말과 지금의 행동이 결과를 불러온다.

결론적으로, 역사는 왜 필요한가에 대하여 살펴보았다. 현대사회는 여전히 물질만능주의다. 아무리 가진 게 많은 사람도 인격이 부족할 수 있다. 사람이 무언가가 없으면 진정한 인싸(insider)가 될 수 없다. 오랜 시간 존경의 인물들을 만나보면 자긍심이 무엇인지 알 수 있다. 사람은 아무나 만나지 않는다. 역사가 증명한 사람들을 만난다. 그 사람이 살아 온 삶의 궤적을 좇아가 보라. 그들이 단단한 중심을 갖고 산 삶을 느낄 것이다. 과거의 사람을 만나고 그 사람들이 보낸 시간을 들여다보아야 한다. 그것은 역사를 제대로 공부하는 방법이다.

역사를 공부하면 그리스도인은 어느 방향이든 나간다. 그 방향의 맥락이 잡힌다. 역사에서 인간의 자유는 늘 이기는 방향으로 간다. 이것이 바로 역사의 수레바퀴다. 역사를 통해 그리스도인은 사회의 변화를 이해할 수 있다. 역사의 수레바퀴 안에서 갑자기 튀어나오는 문제는 별로 없다. 받아들이기 어려운 변화의 움직임도 알고 보면 역사에서 그 문제의 뿌리를 찾을 수 있다. 그러면 좀 더 폭넓게 사회 문제를 이해할 수 있다. 균형 잡힌 시각을 가질 수 있게 된다. 이해의 폭이 넓어지는 순간에는 문제의 핵심을 바라보고 해결하는 인사이트를 얻게 된다.

그리스도인은 말씀과 구원의 역사를 통해 구원에 이르는 길을 걷는다. 이 차원에서 그리스도인은 말씀과 역사에 능통해야 할 사람들이다. 모든 그리스도인은 역사가로 훈련받아야 한다. 아마도 교회가 그리스도인들에게 역사를 가르쳐야 한다는 의미다. 한국교회는 그리스도인들이 하나님을 닮은 역사가로 성장해 가도록 정성껏 공부시켜야 한다. 역사를 통해 그리스도인은 문제의 옳고 그름을 객관적으로 바라보는 연습을 해야 한다. 이것은 우리와, 가정과 한국교회를 살리는 것이고, 하나님을 기쁘시게 사람을 기쁘게 하는 일이 될 것이다.

인문학 토크 03

신학은 왜 필요한가?

한동대학교 설립자로 초대 총장을 지낸 김영길(金永吉, 1939~2019) 박사는 "공부하여 남 주자!" 란 구호로 유명하다. 지금은 자주 들리지 않으나 한때 한국의 부모, 교사, 친척, 어른들이 아이들에게 열심히 공부하라고 독려할 때 입버릇처럼 한 말이 있다. "공부해서 남 주나?" 였다. 김 총장은 그것을 정면으로 뒤집었다. 공부하는 사람들, 특히 한국 학생들은 모두 자신을 위하여 공부한다. "공부해서 남 주나?" 의 정신으로 열심히 공부해서 잘살게 된 한국인은 과연 행복해졌는가?

미국의 퓨 연구소(Pew Reserch Center)와 OECD가 한국 행복의 지수를 발표했다. 한국은 가난한 부탄, 필리핀, 인도네시아보다 훨씬 더 낮다. 남 안 주기 위하여 그 어느 나라 학생들보다 더 열심히 한국이 공부한다. 경쟁심과 상대적 박탈감을 키워서 한국인 대부분이 불행하다는 것이다. 에로스는 자기중심적인 사랑이다. 아가페는 타인의 행복을 위해 공부해서 남 주는 논리다.

아가페의 정의를 실현할 그리스도인들은 혼자 성경을 읽고 연구하여 스스로 진리를 깨달을 수 있다. 이미 오랜 시간을 두고 많은 사람이 연구하고 체계화한 신학을 공부하는 것은 개인의 신앙을 확립하기 위해 구원의 확신을 가지는 데 크게 유익한 것이다. 더 나아가 하나님을 기쁘시게 하고, 사람을 기쁘게 하기 위해 신학은 왜 필요한지에 대하여 살펴보자.

신학으로
다음 세대를 이어라

신학은 처음부터 있었던 것이 아니다. 예수님이 제자들과 이 땅 위를 걸으신 후 한참이 지나서야 시작되었다. 마지막 제자이자 사도가 죽은 이후에 시작되었다. 신학은 교회가 예수님이 가져오신 구원을 숙고한 결과물이다. 그 구원에 대해 1세기 사도들이 선포하고 설명한 복음을 숙고한 결과물이기도 하다. 초대교회 사도들은 엄청난 위신과 권위가 있었다. 그것은 예수님의 부활을 사도들이 직접 목격한 증인 때문이다. 사도들이 살아 있는 동안 그들은 예수님의 가르침과 행동을 기억했다. 사도들은 초대교회 제자들을 훈련하기에 충분했다. 그러나 사도들이 죽게 되자 교회는 완전히 준비 못한 상태였다. 새로운 시대에 들어서게 되었다. 더는 사도를 통해서 교리상의 분쟁을 해결할 수 없었다. 새로운 다음 세대는 부득이 예수님과 사도들의 가르침을 스스로 숙고했다. 이에 따라 신학이 시작되었다. 초기 그리스도인들은 역사적 진공 상태에서 그들의 신앙을 풍성하게 숙고했던 것은 아니다. 그들의 신학은 논쟁과 투쟁 가운데 구축된 것이다. 초기 신학의 논쟁은 특별히 자신들만이 영적인 지식, 혹은 지혜를 가지고 있다고 믿었다. 이러한 영지주의(Gnosticism)[1]와 같은 기독교 내부의 당파에 의해, 동시에 이교도 켈수스(Celsus)[2]와 같은 외부의 반대자들에 의해 유발되었다.

사실 신학(神學)은 '데오로기아'(Θεολογια)로 원래 고대 그리스에서 사용했던 용어다. '데오로기아'는 합성어로 '데오스'(Θεος)는 신을 뜻한다. '로기아'(λογια)는 이야기나 말을 뜻한다. 즉 하나님에 대한 논술, 혹은 이야기라는 의미다. 이 개념을 처음 기원전 4세기에 사용한 학자는 플라톤(Platon, B.C. 428/427~348/347)이다. 플라톤의 제자 아리스토텔레스는 "신의 본성에 관한 논의"라는 의미로 '데오로기아'를 좀 더 철학적으로 정의했다. 고대 그리스 철학자들은 그것을 신(神)들에 대한 문학적, 시적, 철학적 해석의 모음이나 총합의 의미로 썼다.

신학이란 단어가 고대 그리스 이후 약 2400년의 긴 역사를 통해

1 영지주의는 그리스도가 예수라는 인간의 모습으로 나타나긴 했지만 예수가 실제로 육신을 지닌 인간은 아니었다고 가르쳤다.

2 켈수스는 예수님을 예배하는 그리스도인들에게 다음은 같은 반응을 했다. "하나님이 이 땅에 내려 오셨다는 것은 사실 일이 만무하다. 하나님이 땅에 내려오셨다면 본성이 변하셨을 텐데, 그럴 수 없기 때문이다."

사용되었다. 여전히 신학이 무엇인지를 제대로 설명하기란 쉽지 않다. 일반적으로 사람들은 신학을 목회자와 신학자가 되기 위해 공부하는 학문으로 받아들인다. 이렇게 생각하면 신학은 전문가들에게나 필요한 난해한 학문으로 간주하기 쉽다. 그러나 사실은 그렇지 않은 것이 신학이다. 조금 과장해서 모든 사람은 신앙을 가지면서 자연스럽게 신학자가 된다. 인간은 자기가 믿는 바를 본인의 다른 경험이나 지식 등과 종합한다. 나름의 의미를 형성하는 정신 작용을 마련한다. 인간의 의식 속에서 자연스럽게 이루어진다. 신학 활동은 언어를 통해 구체화 시킨다. 과거의 전통이나 현대 연구물의 도움을 받으면 사고의 일관성과 명료성을 높인다. 소통이 가능한 형식으로 표현하는 것이 바로 학문으로서의 신학이다. 그런 의미로 중세 신학자 캔터베리의 안셀무스(Anselmus of Canterbury, 1033~1109)는 신학을 라틴어 '피데스 쿠아에렌즈 인텔렉툼' (Fides quaerens intellectum)으로 곧 '이해를 추구하는 신앙' (faith seeking understanding)이라 불렀다.

신학을 광의적 설명보다 사실 기독교 신학은 조금 더 섬세하고 구체적인 정의를 요구한다. 신학은 인간에게 건네신 하나님의 말씀을 연구한다. 신학은 그 말씀이 교회에서 올바로 선포되도록 한다. 그리스도인의 삶이 온전히 형성될 수 있도록 돕는 학문이 신학이다. 그러니 기독교의 경전인 성경을 소개하는 절대자는 무엇보다도 말씀하시는 분이셨다. 성경의 하나님은 말씀으로 천지를 창조하셨다. 인간에게 말을 건네시는 분이시다. 인류는 하나님의 말씀으로 만들어져서 그 말씀을 경청하도록 창조된 것이다. 인간은 말씀을 통해 하나님이 누구신지를 알아간다. 이를 통해 자신을 둘러싼 환경을 익혀 가며, 자기 자신의 정체성을 발견해 간다. 이것은 마치 아이가 부모에게 학습된 말을 통해 세상을 이해하고 자라듯, 인간은 성경을 읽고 해석하며 형성된 신학의 언어로 하나님과 자아와 세상을 배워가는 것이다.

신학의 언어를 배우므로 이전과는 전혀 다른 의미의 세계로 우리의 상상력 또한 변한다. 신학은 세계를 단지 물질 덩어리가 아니라 하나님이 독생자를 주실 정도로 사랑하시는 대상의 언어로 초청한다(요한복음 3:16). 신학으로 사회는 인간을 규정하는 출신, 학력, 권력, 재력 등이 아니라 하나님의 형상으로 자신을 이해하는 법을 익힐 특권을 받는다(창세기 1:26). 삶의 무게 중심은 신학이 펼쳐 놓은 낯선 세계로 옮겨진다. 지금 이 세계를 장악하는 힘과 논리에서 벗어나 참 자유인으로 살아갈 가능성도 생긴다. 이렇게 인간을 향한 하나님의 말씀은 공허 속에서 울려 퍼지는 것이 아니라 교회 공동체라는 구체적인 맥락을 전제로 한다. 교회가 있어서 하나님의 말씀이 선포되는 것이 아니다. 하나님의 말씀이 들리는 그곳이 교회다. 세상 속에서 교회는 세상을 향해 말씀하시는 하나님을 증언하는 숙제를 위임받았다.

그런 의미에서 기독교 신학의 지평을 가장 탁월하게 열어 보여주었던 스위스 위대한 신학자가 칼 바르트(Karl Barth, 1886~1968)다. 바르트는 그리스도인을 진정한 기독교적 가르침에 따르는 신학자라는 용어로 설명하면서 신학 교수나 신학생이나 이른바 성직자에게 한정하지 않는다. 이 용어는 기독교 공동체 전체에게 맡겨진 신학적 사명을 유념하는 모든 그리스도인 곧 자신의 고유한 재능에 따라 공통의 노력을 공유하기를 원하고 또 그렇게 할 능력이 있는 모든 그리스도인을 가리키는 말이다. 다시 말해, 바르트는 모든 그리스도인을 신학자라 이야기했다.

과거와 현재, 미래에도 말씀하시는 하나님의 기쁨과 감사로 반응하는 그리스도인 모두는 신학이 필요하다. 편견과 무지가 아닌 학문으로서 신학이 필요하다. 교회라는 현장이 신학을 구체적으로 요구한다. 신학은 신학교에서 목사 후보생만 공부하는 전문적 학문은 결코 아니다. 왜냐하면 신학은 교회가 하나님의 초자연적 계시인 성경 말씀을 연구하는 데 있다. 신학은 일구어 온 과거의 전통과 유산을 수용한다. 그리고 신학은 아직도 다 드러내지 못한 성경 속 하나님의 뜻을 지금 우리 세대와 다음 세대에 비춰 줄 사명을 갖는 학문이다.

소크라테스보다 뛰어난 신학자를 만나라

순교한 신학자 유스티누스

2세기 이단 종교의 세력 비판에 맞서 기독교를 옹호하는 일에 전

념한 기독교 사상가들이 바로 변증가다. 그 가운데 가장 뛰어난 신학자가 바로 철학자요 순교자였던 유스티누스(Justinus, 100~165)다. 팔레스타인에서 태어난 그는 이후 로마에 정착했다. 그곳에서 기독교 교사로 명성을 얻었다. 그는 '제1 변증서' 에서 이교의 위대한 사상가들에게도 기독교 진리의 흔적을 찾아볼 수 있다고 주장했다. 그는 '로고스의 씨앗' (Logos Spermatikos) 이론에서 하나님은 고전 철학 속에 심어 놓은 진리의 실마리들을 통해 장차 그리스도 안에서 완성될 최종 계시에 이르는 길을 예비하셨다고 주장했다.

그는 동방교회에서 두드러졌던 경향, 곧 복음을 그리스 철학 이론과 연계하고자 애썼던 초기 대표적인 신학자였다. 유스티누스는 초대교회 그리스도인들이 무신론자라고 소크라테스를 여러 번 편들었다. 그 이유는 소크라테스가 이방 신들을 거부하고 자신의 믿음을 위해 고난을 택했기 때문이다. 그러나 그는 그리스도가 소크라테스보다 훨씬 더 위대하다고 말했다.

이단 종교에 맞선 이레니우스

이레니우스(Irenaeus, 130~200)는 로마에 정착하기 전 오늘날 튀르키예 지역인 스미르나(서머나)에서 그리스도인 가정에서 태어났다. 소년 시절, 그는 사도적 교부들 가운데 한 사람으로 사도 요한을 알고 있었던 서머나 감독 폴리갑(Polycarp, A.D. 69~155)의 가르침을 받았다. 178년경, 그는 리옹의 주교가 되어 그 후 죽을 때까지 20년 동안 그 직책에 충성했다. 그는 무엇보다 영지주의의 도전에 맞서 기독교 정통신앙을 열렬히 수호한 일로 특별하다. 그가 저술한 유명한 『이단들을 반박함』(Adversus Haereses)에 기독교의 구원 이해를 역동적으로 옹호하고, 비기독교적인 해석들에 맞섰다. 그는 사도적 증언을 굳게 따르는 데 전통성의 역할이 중요함을 강조했다.

아프리카 신학자 터툴리안

터툴리안(Tertullian, 160~225)은 원래 북아프리카 도시 카르타고에서 태어난 이교도였으나 30대에 기독교로 개종했다. 그는 서방교회에 커다란 영향을 끼쳤다. 이 때문에 그를 흔히들 라틴 신학의 아버지로 불렀다. 그는 구약성경과 신약성경은 제각각 다른 신과 관계가 있다고 주장했던 시노페의 마르키온(Marcion of Sinope)에 맞서 신구약 성경의 통일성을 옹호했다. 이렇게 함으로써 그는 삼위일체론의 기초를 닦았다. 그는 성경 밖의 자료들에 근거해 기독교 신학이나 변증론을 세우는 일을 강력히 반대했다. 그는 성경의 충족성의 원리를 가장 강력하게 옹호한 초기 인물에 속한다. 그는 하나님을 아는 힘과 지식을 얻고자 세속 철학들에 의지하는 사람들을 비난했다.

플라톤주의 전도자 오리겐

오리겐(Οριγενες, 185~254)은 알렉산드리아의 기독교 가정에서 태어났다. 그의 아버지 레오니데스는 202년에 순교했다. 그는 많은 책을 썼지만 상당 부분 소실되었다. 대도시 알렉산드리아에서 활동했던 오리겐은 3세기 기독교의 수호자로 중요한 인물이다. 그의 신학은 동방 기독교 사상이 발전하는 데 중요한 터전을 마련해 주었다. 기독교 신학의 발전에 공헌한 그는 두 개의 폭넓은 영역이다. 성서 해석 분야에서 알레고리적(풍유적) 해석이라는 이론을 발전시켰다. 그는 성서의 표면적 의미와 깊은 영적인 의미를 구별할 필요성을 주장했다. 그리스도론 분야에서 오리겐은 성부의 완전한 신성과 성자를 비교적 열등한 신성을 구별하는 전통을 세웠다. 학자들 가운데 오리겐의 이러한 견해의 당연한 결과가 아리우스주의라고 보는 이들이 있다.

아프리카 순교자 키프리아누스

키프리아누스(Cyprianus of Carthago, 210~258)는 3세기에 북아프리카의 상류층 이교도 가정에서 태어났다. 그는 유명한 법률가이자 탁월한 실력을 갖춘 수사학자다. 카르타고에서 수사학을 가르쳤고, 한 지방을 다스리는 고위 공직자로 살았다. 그러나 246년경, 그는 기독교로 개종하여 모든 공직에서 물러났다. 248년, 그는 북아프리카의 큰 도시였던 카르타고의 주교로 선출되었다. 데키우스 황제의 박해 기간인 258년 카르타고에서 순교했다. 그는 주요 논문 『보편교회의 단일성』(On the Unity of the Catholic Church)에서 그리스도인들의 가시적이고 구체적인 일치가 얼마나 중요한지를 강조했다. 주교들의 역할은 그러한 일치를 보장하는 데 있었다. 이 책은 교회의 본질에 대해 밝혀 온 기독교 신학의 논의 가운데 우뚝 선 지표로 널리 인정받고 있다.

그리스도의 신성을 제시한 아타나시우스

3세기 말, 태어난 아타나시우스(Athanasius, 293~373)는 알렉산드리아의 주교였던 알렉산더의 수하에 들어가 집사가 되었다. 알렉산더가 니케아 공회에 참석할 때, 그가 동행했다. 328년, 알렉산더가 죽은 후 그는 그를 계승해 알렉산드리아의 주교가 되었다. 4세기, 큰 문제가 되었던 그리스도론 쟁점들과 관련해 중요한 인물로 인정받은 사람이 아타나시우스다.

벌써 20대 때, 그는 『말씀의 성육신에 관하여』(On the Incarnation of the Word)라는 논문을 썰 정도였다. 이 논문에서 그는 성육신 개념, 곧 하나님이 예수 그리스도의 인격 안에서 인간의 본성을 취하셨다는 믿음을 옹호했다. 그가 만일 아리우스의 말대로 그리스도가 완전한 하나님이 아니라면 파괴적인 결과들이 뒤따른다고 주장했다. 첫째, 피조물이 다른 피조물을 구원하는 것은 불가능하다는 것이다. 따라서 하나님은 인간을 구속할 수 없다. 둘째, 그리스도인들은 예수 그리스도를 경배하고 그에게 기도하는 까닭에 기독교 교회는 우상숭배의 죄를 짓는다는 결론이 나온다. 마침내 이러한 주장들이 승리를 거두었고, 이단사상인 아리우스주의(Arianism)를 무너뜨렸다.

기독교 사상의 설계자 아우구스티누스

사도 바울 이후, 기독교 역사에서 가장 위대한 신학자는 히포의 주교였던 아우구스티누스(Augustinus of Hippo, 354~430)다. 그의 사상은 중세교회를 지배할 정도였다. 그것은 16세기에 일어난 종교개혁자들과 가톨릭교회의 반 종교개혁가들이 모두 아우구스티누스를 재발견했기 때문이다. 354년, 그는 현재의 알제리인 타가스테에서 이교도인 아버지와 그리스도인 어머니 모니카 사이에서 태어났다. 진리를 추구하던 중, 그는 384년 밀라노에서 수사학 교수로 임명되었다. 이후, 그는 악의 근원이나 어떻게 선한 삶을 살 것인가, 이 같은 삶의 의미에 대한 일련의 질문과 함께 오래 씨름한 결과 기독교로 개종했다.

이러했던 그가 밀라노의 암브로시우스(Sanctus Ambrosius, 340~397) 주교의 설교에 감명받았다. 그는 기독교 신앙에 매료되어 밀라노의 한 정원에서 극적인 회심을 경험했다. 이후 이탈리아를 떠나 북아프리카로 돌아간 395년, 그는 오늘의 알제리에 위치한 히포의 주교가 되었다. 그의 중요한 공헌 가운데 하나는 신학을 학문적 분야로 발전시켰다. 그로 인해, 처음 4세기 동안 중요한 교리들이 발전했다. 특히 성자 예수 그리스도의 위격 교리와 삼위일체 교리가 분명하게 그 모습을 드러냈다. 이처럼 그는 기독교 사상을 종합하는 데 크게 공헌했다. 특히 저서 『하나님의 도성』(On the City of God)에서 그는 고전 문화를 새로운 기독교 문화로 바꾸어 놓았다. 초대교회의 가장 위대한 작품들 가운데 하나인 그의 책은 여러 면에서 중세 시대를 위한 청사진이 된 것이다.

신학과 인문학을 읽어라

신학에는 다양한 인문학 자료가 필요하다. 학문적인 신학자와 전문 목회자에게만 여러 자료가 필요한 것이 아니다. 성경 공부를 인도할 때, 개인적으로 묵상할 때, 기도할 때, 찬양을 부를 때, 논문이나 책을 쓸 때, 각자가 가지고 있는 인문학과 신학은 큰 영향을 끼친다. 여러 인문학 자료들과 함께 서로 유기적으로 연결될 때, 신학은 생명의 주인이신 하나님을 증언하는 본연의 사명을 감당하게 될 것이다.

신학은 관계의 공부다

사람은 모두 누군가와 함께 살아야 한다. 하지만 사람이 관계를 형성하고 유지하고 발전시키는 데 늘 어려움을 겪게 마련이다. 이러한 문제는 모든 관계에 적용된다. 친구 간의 우정을 유지하는 것은 참으로 어려운 일이다. 가장 친밀한 관계에 가족관계나 결혼 관계조차도 유지하기가 참으로 어렵다. 신학은 나의 삶에서 시작되지만 다른 사람의 삶과 관계가 있다. 그래서 '나의 나 됨'(I am)은 '우리의 우리 됨'(We are)이다.

특히 아시아 국가 중 한국에서 '나' 는 '우리' 와 동의어다. 그 사례 중에 내 부모는 우리 부모이고, 내 집은 우리 집이며, 내 반려견은 우리 반려견이고, 내 아이는 우리 아이다. 이러한 정체성은 항상 다원주의적이다. 물론 그것이 나와 다른 사람들과 관계를 의미하지 않아도 나의 나 됨이다. 이러한 다원주의적인 이유는 그것이 관계적이기 때문이다. 그래서 나의 삶의 이야기는 곧 다른 삶의 이야기다. 그러나 미국은 나의 나 됨이 우리 됨보다 더 중요하다. 우리가 누구인가라는 맥락 안에서 나는 누구인지를 알 수 있다.

이처럼 내 신학은 단순히 내 삶의 이야기가 아니다. 세상 속에서 내가 걸었던 신앙의 여정 이야기다. 내 신학은 하나님이 나를 어떻게 만들고, 기르고, 이끌고, 사랑하고, 나이 들게 하고, 생을 마무리하는 이야기다. 내 신학은 내가 속한 공동체, 자연환경, 시간과 역사, 믿음으로 받아들인 존재의 궁극적인 실재와의 관계 속에서 내가 누구인지 알아가는 것이다. 신학은 하나님이 내 삶과 내 삶의 일부인 다른 사람들의 삶에서 어떻게 일하시는지 이해하는 것이다. 그래서 신학은 인간의 일들과 하나님의 관계에 관한 공부다. 인간의 일 가운데 특히 어떤 부분은 하나님과 관련되어 있는지에 대한 깊이 있는, 그리고 비판적으로 성찰하는 것이 바로 신학이다. 드루대학교(Drew University) 조직신학 교수였던 이정용(Lee Jung Young, 1935~1996)은 신학을 배우고, 섬기고, 종으로서 세상에 돌아가는 주변부 교회의 연장선에 있어야 한다고 말했다.

신학은 인문학이다

신학은 다른 학문처럼 과학이다. 신학은 과학 중에도 인문학에 가깝다. 특히 철학과 가까운 친구 사이가 신학이다. 그래서 초기 기독교부터 신학은 철학과 깊이 대화했다. 많은 신학자가 철학을 공부했다. 신학의 태동은 기독교의 복음과 철학과의 만남에서 시작되었다. 이렇게 말해도 과언이 아니다. 신학은 궁극적인 진리를 추구한다. 철학도 그것을 추구한다. 그러니 신학은 인문학의 논리와 방법의 일관성을 가진다. 그러면 올바른 신학이라고 말할 수 있다. 신학은 인문학적인 방법을 주로 채택하는데, 그 주제와 내용은 기독교의 신앙을 다룬다.

좁은 의미로 신학은 하나님에 관한 교리를 연구하는 학문이다. 넓은 의미로 신학은 하나님만 연구하는 학문이 아니다. 우주의 기원, 천사, 인간, 죄, 교회, 종말 등 이러한 신학은 인문학 전체를 다루는 학문이다. 대부분의 인문학이 현재 나타나고 있는 현상계를 주로 연구한다. 질병의 치료라든가 효과적인 투자, 정치학 등 인간의 행복과 관계된 현실의 문제를 인문학은 다룬다. 그러나 인생관, 물질관, 세계관 등 존재의 근원을 연구하는 학문이 인문학과 신학이다. 인생이란 무엇인가? 세계는 어떻게 이루어졌는가? 이런 여러 가지 근본적인 문제를 취급하기에 신학은 인문학의 꽃이라고 할 수 있겠다.

『나니아 연대기』(The Chronicles of Narnia)와 『스크루테이프의 편지』(The Screwtape Letters) 등 C. S. 루이스(C. S. Lewis, 1898~1963)의 저작은 수많은 사람의 인생에 감화를 주었다. 그의 책은 문학과 철학, 고전의 반열에 올랐다. 그런 그는 열 살 때 존 밀턴(John Milton, 1608~1674)의 『실낙원』(Paradise Lost)을 읽었고, 열한 살 때부터 벌써 편지에다 성경과 셰익스피어의 작품에 나오는 내용들을 인용해 적어 넣었다. 이후 그의 습관은 평생에 계속되었다. 십 대 중반에는 고전과 현대 작품을 그리스어, 라틴어, 프랑스어, 독일어, 이탈리아어로도 읽었다. 독서는 루이스의 삶에서 최고의 즐거움 가운데 하나였다. 그의 일상적 일과는 오후에 하는 식사나 산책, 차 마시는 시간을 제외하고 오전 9시부터 1시까지, 다시 오후 5시부터 7시까지 책을 읽고 글을 썼다.

이러한 연구 시간 외에도 그는 식사 중에나 저녁 시간에도 가벼운 독서를 즐겼다. 루이스에게 독서란 고결한 소명이자 끝없는 만족의 출처였다. 그는 책이 다른 세계로 들어가는 관문임을 깨달던 어린 날의 희열을 평생 잊지 않았다. 그는 문학적 경험에 대하여 개성이라는 특권을 훼손하지 않으면서도 읽으면 나는 천의 인물이 되면서도 여전히 나로 남아 있다고 보았다. 그리스 시에 나오는 밤하늘처럼 나는 무수한 눈으로 보지만, 보는 주체는 여전히 나이기 때문이다. 예배할 때나 사랑할 때, 도덕적 행위를 할 때나 지식을 얻는 순간처럼 독서를 통해서도 나는 나를 초월하되 이때처럼 나다운 때는 없다. 루이스처럼 그리스도인은 자신의 존재를 독서를 통한 신학으로 확장하려고 애써야 할 것이다.

신학은 그리스도인의 매력

신학을 매우 어렵고 딱딱해 특별한 사람들이 공부하는 학문이라고 생각하는 사람이 있다. 신학을 공부하는데 신학대학에 들어가고, 신학은 목사나 전도사 정도가 돼야 이야기할 수 있는 것으로 생각하기 쉽다. 그러나 참된 믿음을 가진 그리스도인이라면 정도의 차이는 있을 수 있다. 어느 정도 신학을 이해하고 있어야 한다는 사실이다. 신학은 무엇을 믿는가에 대한 신앙적 내용이다. 하나님의 존재라는 것은 신학의 중요한 기초다. 하나님이 존재하신다는 것은 좋으신 하나님이라든가 사랑의 아버지라 할 때 하나님의 성품을 이미 이해하고 있음을 말한다. 하나님을 믿는 그리스도인이라면 누구나 신학을 어느 정도 알고 있기에 더 잘 배워서 하나님을 올바로 믿어야 한다.

알리스터 맥그래스는 신학을 배우는 것을 때로는 충만하게 하고 때로는 도전으로 다가오지만 언제나 깊은 흥미를 불러일으키는 탐사 항해를 출발하는 일과 같다고 보았다. 그리스도인은 기독교 신학이 누구라도 배우고 싶어 할 만큼 큰 매력을 지닌 학문이라는 확신을 품고 살아야 한다. 그러나 그리스도인은 일반적으로 신학이 어렵다는 선입관으로 신학을 멀리한다. 그리스도인이 알고 있고 또 배워야 하는 신학은 성경을 기초하여 형성된다. 성경에서 신학이 나오고, 신학을 이해함으로써 바른 신앙을 가질 수 있다. 성경적 바른 신앙을 가질 때 그리스도인은 구원의 확신에 이른다. 성경이 일반적인 사람 모두가 읽게 이해할 수 있도록 쉬운 말로 썼다. 성경에서 나온 신학 또한 사람의 정상적인 이성으로 이해될 수 있는 합리적인 학문이다. 성경 여러 곳에 흩어져 있는 하나님에 대한 진리를 모았다. 이것을 잘 조직하고 알기 쉽게 제시한 것이 신학의 사명이다. 신학이 왜 필요한지에 대한 두 가지 현실적인 이유를 제시하면 다음과 같다.

첫째, 모든 그리스도인이 신학을 공부하는 가장 중요한 이유는 우리가 무의식적으로 형성해 왔고, 우리 마음속에 자리 잡은 자기만의 잘못된 신학을 교정하고 극복하기 위함이다. 사람들은 알게 모르게 다양한 경로로 받은 정보를 종합해 자기만의 신학을 형성한다. 이러한 암묵적 신학은 각 개인의 신념 체계와 결합 되어 잘못되는 경우다. 다른 어떤 지식보다 강한 편견에 사로잡힐 수 있다. 그렇지 않으면 배타적이거나 파괴적 성향을 보일 수도 있다. 마음에 자리 잡은 부적절한 신학은 하나님과 깊은 관계로 나아가는 데 장애가 된다. 참 자아를 발견하는 것을 방해하고, 타인과 적절한 관계를 맺는 데 어렵게 만든다.

완고한 무신론자였으나 1929년 회심한 후, 20세기 최고의 기독교 변증가가 C. S. 루이스다. 그는 은밀하고 나쁜 신학을 신학에 귀를 기울이지 않는다는 것으로 하나님에 대해 아무 개념도 가지고 있지 않다는 뜻으로 보았다. 그리고 그는 오히려 잘못된 개념 여러 가지가 뒤섞인 해롭고 낡은 개념을 너무 많이 가지고 있다는 뜻으로 말했다. 따라서 그리스도인들의 신학 공부는 자기 안에 자리 잡았을지 모르는 암묵적인 신학을 성찰하고 극복을 위해 필요하다.

둘째, 특히 목회자나 신학자가 되고자 하는 경우 해당이 된다. 사람의 생명을 다뤄야 하는 의대생의 상황과 비교해 보아도 왜 신학 교육이 중요한지 잘 알게 된다. 의대생은 해부학, 약리학, 생리학, 생화학, 유전학, 병리학, 미생물학 등의 기초 과목부터 배운다. 그 후에 다양한 임상의학을 공부하게 된다. 엄격한 실습 지도하에 훈련을 거치고서야 환자를 진단하고 치료하게 된다. 의대생들이 환자를 실제로 다루는 데 별로 티가 나지 않는 기초 과목을 통과하기 위해 쏟아붓는 시간과 노력은 엄청나다.

사람의 생명을 다루는 또 다른 학문이 신학이다. 신학대학에서 이런저런 이유로 때로 신학 자체가 평가절하된다. 충분히 훈련받지 못한 의사가 환자의 생명을 위협한다. 이처럼 인식하는 것만큼 신학 교육의 중요성에 대해 경각심을 가져야 할 것이다. 소금의 가장 중요한 것이 짠맛 인처럼(마태복음 5:13), 신학은 하나님의 말씀에 봉사하는 그 고유한 기능과 역할이 있다. 하나님의 말씀에 우선 봉사하는 사명 때문에 신학은 현실에 대해 비판적 기능도 수행해야 한다. 신학을 공부하면서 설교를 듣거나 찬양할 때처럼 마음에 감동이 생기면 좋겠지만 감동을 주는 것 자체가 신학의 목적이 아니다. 신학이 경영학처럼 기획이나 인사 등에 실제적 도움이 되면 이상적이다. 하지만 유용성 자체가 신학의 존재 이유는 될 수 없다.

신학을 실천하라

신앙은 근본적으로 관계의 문제다. 동시에 하나님에 대한 신뢰의 문제이기도 하다. 신앙생활의 내적인 역동성은 우리가 믿는 존재와 그 내용에 대해 더 많은 것을 알고 싶은 욕구가 포함된다. 그래서 신학은 지성의 열정이며, 하나님의 본질과 방식, 그것이 삶을 새롭게 바꾸는 힘에 대해 더 많이 알고자 하는 갈망이다. 이러한 신학적 성찰을 통한 신앙은 더 깊어지고 개인적인 삶도 풍성해질 수 있다. 기독교 신학은 우리가 연구할 수 있는 주제 가운데 지적인 자극과 흥미를 가장 많이 불러일으키며, 신앙생활과 교회사역에 풍성한 자료를 제공하는 분야다. 신학이 그리스도인의 삶에서 차지하는 위치에 대한 지적인 변호인 동시에, 교회가 지성적인 삶, 특히 현대의 공적인 쟁점과 관련된 부분을 진지하게 받아들여 달라는 간절한 요청이다. 그래서 기독교 신학을 마틴 루터는 오직 십자가의 신학만이 "참다운 신학"(vera theologia)이라고 주장했다. 루터나 칼빈 같은 종교개혁자들은 신학을 단지 사변적 관념의 문제가 아니라 하나님 찬양이고, 경건이며, 자기를 부인하고 십자가를 지는 삶 자체로 보았다.

종교개혁을 통해 인간의 구원은 오직 믿음으로만 얻는다는 이신득구(以信得救, salvation by faith)의 교리가 강조되었다. 하지만 시간이 지남에 따라 그리스도인의 삶보다 교리적인 면에 치우쳐 그리스도인다운 생활을 소홀히 하는 폐단이 나타났다. 특히 18세기 영국은 술주정뱅이와 난봉꾼들로 인해 도덕적으로 타락할 뿐만 아니라 교역자들까지 믿음으로 구원받으니 사람의 행위는 구원과 관계가 없다는 극단적인 주장을 하는 사람들까지 있었다. 존 웨슬리(John Wesley, 1705~1791)는 그리스도인의 삶, 특히 성결한 삶을 고조하면서 인간적인 책임을 강조하는 신학, 즉 삶을 위한 신학이 나타나게 되었다.

그리스도인의 삶을 위한 신학을 보여 준 예가 있다. 시립 오케스트라 단원이기도 했던 안드레이는 재능이 뛰어났다. 하지만 그는 고려인이라는 인종 차별의 벽에 막힌 삶을 힘들어하였다. 결국 그는 바이올린을 내려놓고 신학교의 문을 두드렸다. 신학교를 졸업하고 전임 전도사가 되어 사역하던 안드레이가 와서 물었다. "콘세르바토리아(음악원)에서 박사 과정 국비 장학생을 선발한다는데, 응시해볼까요?" 나는 그가 다시금 자신의 길을 찾아가는 것이 기뻐 잘하는 일이라고 격려했다. 경쟁률이 치열했고 지원자들의 경력이 쟁쟁했으나 안드레이는 포기하지 않았다. 실기 시험장에서 안드레이가 시험관인 교수 앞에서 연주를 끝내자, 교수가 "너는 내 제자가 되어라."라고 극찬했다.

필기시험도 무난하게 치른 안드레이는 합격의 영예를 누렸다. 그렇게 해서 교회사역과 학업을 병행하던 어느 날, 안드레이가 다시 와서 물었다. 학교 오케스트라단에서 오라는 제안을 받는 데 수락하면 더는 교회 사역을 할 수 없다고 했다. 나는 조금도 망설이지 않고 말했다. "전도사님이 교회에서 하는 일은 다른 누군가 할 수 있는 일입니다. 하지만 오케스트라단에 가서 예수님을 전하는 일은 전도사님밖에 할 수 없지요." 그래서 안드레이는 "알겠습니다. 어찌 되든 총장님과 면담할 때 절대로 주일에는 연습하지 않겠다고 하겠습니다."라고 단호히 말했다. 총장이 허락하지 않으면 어떻게 할까 걱정도 됐지만, 그날 아침 묵상한 말씀이 떠올라 이렇게 말해 주었다. "하나님은 그분을 존중히 여기는 자를 존중히 여기겠다(삼상 2:30)고 하셨지요. 전도사님의 믿음을 귀히 여기실 것입니다." 얼마 후 안드레이는 주일에 교회에서 예배드려도 좋다는 허락을 받았다며 반가운 소식을 전해왔다.

안드레이는 지금 국제적 명성을 지닌 마린스키 오케스트라단의 제1 바이올리니스트가 되어 자신이 속한 오케스트라 단원을 비롯한 많은 이에게 예수님을 전하고 있다. 가난하고 차별에도 굴하지 않고 용기 있게 도전하며, 무엇보다 당당히 믿음을 지킨 안드레이가 거룩함을 지키며 빛과 소금으로 살아갈 또 다른 안드레이가 많이 나오기를 기도한다. 삶을 위한 참된 신학은 지극히 높은 지혜이며 그 자체로 최고의 중요성 및 가치와 그리스도인을 위한 최고의 유용성을 나타내기 때문에 마음의 겸손과 연약함에 대한 인정과 함께 그 신학을 받아들이는 것이 아닐까 싶다.

결론적으로, 신학은 왜 필요한가에 대하여 살펴보았다. 기독교의 신학은 그리스도인들이 서로 관계를 맺고 기도하고 예배하며 또한 세상을 살아가는 방식에 어떤 변화를 일으키는지를 다룬다. 신학은 우리 자신과 다른 사람, 이 세상을 새롭게 이해하는 방식을 제시한다. 그리고 신학은 사람의 행동하는 방식에도 영향을 끼친다. 그래서 C. S.루이스는 신학의 필요성을 태양이 떠오르는 것을 믿듯이 기독교를 믿는 것이고, 그것을 보기 때문만이 아니라 그것에 의지해서 다른 것을 보기 때문이라고 말했다. 이러한 신학의 필요성은 그리스도인들이 예배하고 흠모하는 하나님과 하나님의 창조물인 사람에 대한 성찰이다.

세상 한복판에서 굵고 뜨거운 땀방울을 흘리며 사는 그리스도인들에게 신학은 비유적으로 고작 성균관의 유교만큼이나 낡고 진부한 것이 아니다. 자신의 직업과 삶을 성경적 원리에 빗대어 관조하고 성찰할 수 있는 정신적인 힘이 신학이다. 지금 이러한 신학적 토대는 모든 그리스도인에게 절실히 요구한다.

인문학 토크 04

행복은 왜 필요한가?

최근 하버드대학교(Harvard University)와 캐나다 브리티시컬럼비아대학교(University of British Columbia), 미국 국립건강연구소(NIH), 케이스웨스턴리저브대학교(Case Western Reserve University) 등은 소득의 크기보다 그 소득을 어떻게 쓰느냐가 행복의 정도에 큰 영향을 미친다는 사실이 실험을 통해 발견했다. 그 사례로 하버드대학교와 브리티시컬럼비아대학교의 2016년 공동연구에서 일반 시민 46명에게 5불 또는 20불이 든 봉투를 무작위로 나누어 주었다. 그다음 참가자 절반에게는 그 돈을 자신들을 위해서, 나머지 절반은 남을 위해서 쓰도록 했다. 결과는 금액의 크기와 무관하게 남을 위해 쓴 사람의 행복이 자신을 위해 쓴 사람들의 행복보다 높아졌다는 것이다. 일반적으로 투명성과 기부지수가 높은 나라일수록 행복의 지수가 높은 것도 비슷한 상관관계를 말해 준다.

지금까지 우리는 공부를 잘하고, 사업이 번창하며, 돈을 많이 벌면 행복해질 수 있다고 생각하며 살았다. 하지만 모든 것을 다 가지고도 행복한 삶을 사는 사람은 그리 많지 않다. 하버드대학교에서 행복 수업의 교수 탈 벤 샤하르(Tal Ben Shahar)는 행복을 의식주의 기본적인 욕구를 충족하고 나면, 그 이상의 재산은 행복감을 높이는 데 큰 도움이 되지 않으며, 어떻게 행복을 얻을 것인가 보다 행복 자체에 관심을 가지고, 스스로 '나는 어떻게 더 행복해질 수 있는가?' 라는 질문을 던져야 하며, 긍정 심리학이 여러분의 삶을 행복으로 충만하게 만들어 줄 것이라고 말했다. 사람들이 그토록 갈망하는 행복은 왜 필요한지에 대하여 살펴보자.

행복에 이르는 길

사전상에 행복(幸福, happiness)은 희망을 그리는 상태에서 좋은 감정으로 심리적인 상태 및 이성적 경지, 또는 자신이 원하는 욕구와 욕망이 충족되어 만족하거나 즐거움과 여유로움을 느끼는 상태, 불안감을 느끼지 않고 안심하는 것을 말한다. 그러한 상태는 주관적일 수 있고 객관적으로 규정될 수 있다. 한국의 경우, 행복은 물질적 풍요와 삶의 편리함, 여유 시간을 허용하여 예술을 즐기고 취미생활 하는 것을 말한다. 그러나 발전과 풍요가 과연 모든 사람을 진정으로 행복하게 하고, 삶을 정말 의미 있게 만들어 주는가 하는

가다. 물론 굶주림, 질병, 혹독한 추위와 더위로부터 해방되는 것이 고통을 줄이고 행복을 증진 시키는 것은 부인할 수 없다. 아직도 인류의 10분의 1 정도가 그런 절대빈곤 속에 시달리고 있어 발전은 지속되어야 한다. 그러나 절대빈곤에서 해방된 10분의 9에게도 계속되는 발전이 행복을 줄 수 있을 만큼 삶의 의미를 더 풍성하게 하는가는 미지수다.

하지만 자기 삶의 목적인 행복조차 관심을 가지지 않을 수 없다. 행복은 남녀노소 누구나 바람이다. 삶을 산다는 것은 결코 포기할 수 없는 달콤한 너무나 강력한 유혹이자 달성해야 할 목표다. 이러한 열풍은 한국 사회가 그만큼 불행의 반증이 아닐까 싶다. 한국 행복의 지수는 OECD 국가 중 거의 꼴찌를 면하지 못하고 있다. 동서고금을 막론하고 행복이란 무엇인가에 대한 해답을 찾는 것은 인문학의 주요 과제 중 하나다. 인문학을 통해 우리는 고대 그리스의 행복론부터 현대의 행복론에 이르기까지 많은 철학자가 행복에 이르는 길에 대한 철학적 접근에 대하여 살펴보자.

고대 그리스의 행복론

고대 철학의 핵심 주제가 행복이었다. 고대 그리스 철학자 중에서 행복을 논한 대표적인 철학자는 우리가 잘 알고 있는 소크라테스(Σωκράτης, A.D. 470~399)와 플라톤(Πλάτων, A.D. 427~347), 아리스토텔레스(Αριστοτέλης, A.D. 384~322)다.

첫째, 소크라테스는 철학에서 인간의 도덕 문제를 본격적으로 다른 대표적인 철학자다. 그는 인간이 행복을 원하는 존재이고 행복은 다름 아닌 인간의 영혼이 지식[1]과 덕[2]을 지닌다면 실현될 수 있다고 보았다. 둘째, 소크라테스의 제자인 플라톤은 소크라테스의 입장을 계승시켜 영혼이 조화와 균형을 이루어 정의의 덕을 갖출 때 행복에 도달할 수 있다고 보았다. 셋째, 플라톤의 제자인 아리스토텔레스는 이 두 철학자의 주장을 더욱 발전시켜 고대 행복론 중에서 가장 체계적인 행복론[3]을 완성했다. 아쉽게도 소크라테스는 자신이 직접 쓴 저작을 남기지 않았다. 고대 그리스 행복론의 정점이자 덕 윤리의 원형을 제공했다고 평가받는 철학자의 행복론이 아리스토텔레스의 행복론이다.

헬레니즘의 행복론

헬레니즘 시대(Hellenistic Age)를 대표하는 철학은 스토아학파(Stoicism)와 에피쿠로스학파(Epicureanism)를 들 수 있다. 역시 두 학파는

1 소크라테스의 지식이란 단순한 지식이 아닌 영혼의 진정한 깨달음을 의미한다. 그는 알면 행한다는 지행합일설을 주장하였다. 만약에 사람이 어떤 것을 알면서도 실천하지 않으면 그것은 제대로 안 것이 아니며, 다시 말해 깨달음을 통한 참된 지혜를 갖춘 것이 아니다.

2 소크라테스의 덕이란 덕은 하나로 덕은 분명 다양하게 존재하지만 모든 덕의 본질은 같으며 그것이 바로 지식이라는 주장이다. 덕이 제대로 된 지식과 결합 되지 않는다면 덕이라고 할 수 없다는 주장으로 이해할 수 있다. 이처럼 소크라테스는 덕은 지식이라고 주장하면서 덕과 지식이 행복으로 연결된다고 하였다. 지식이 있는 덕의 실천은 행복이지만, 지식이 없는 덕의 실천은 불행을 초래한다.

3 아리스토텔레스가 주장하는 인간의 궁극적 목적, 최고선의 명칭은 바로 행복이다. 그는 쾌락과 명예, 부와 같은 일반적으로 통용되는 행복의 의미에 대해 모두 행복의 내용으로서 자격이 없다고 결론을 내렸다.

철학의 중심적인 주제를 행복에 두었다. 첫째, 스토아학파[4]는 금욕주의로 널리 알려져 있다. 이 학파는 행복을 다름 아닌 내면의 이성에 따르는 사람이자 자연의 법칙에 따라 사는 것을 의미한다. 아울러 스토아학파는 물질적 부와 명예, 권력과 같이 자신에게 달린 것이 아닌 외적인 것에 대한 욕망과 충동 역시 인간의 정신적인 자유를 방해하고 인간을 불행하게 만들 뿐이기에 관심을 두지 말아야 한다고 주장한다. 둘째, 에피쿠로스학파는 쾌락주의로 널리 알려져 있다. 이 학파는 쾌락주의로 불리지만 모든 욕구를 잘 관찰하고 잘 통제할 것을 당부했다. 그런데 바로 어떤 쾌락과 욕구를 추구하느냐가 행복한 삶을 결정짓는 열쇠라고 생각했다.

이처럼 스토아학파와 에피쿠로스학파의 행복론을 통해 당시 전쟁과 사회적 혼란으로 인해 죽음과 가난과 같은 정신적 불안과 공포를 느끼고 있었다. 그런데 적극적으로 자신의 쾌락을 추구하는 철학이 아니라 마음의 안정과 평온을 행복으로 추구하는 경향이 크게 나타났다. 아무리 어려운 상황 속에서도 나의 운명이나 현재의 사건 그 자체를 바꾸려고 노력하기보다 그것을 대하는 마음 자세를 바꾸면 행복에 이를 수 있다는 것이다.

---

4 스토아학파는 범심론과 결정론적 세계관을 바탕으로 행복론을 전개하였다. 이 학파는 자연이 곧 신이라는 범신론을 토대로 인간의 본성을 이해하였다. 다시 말해 인간도 자연의 일부로 보고 자연이 자연법칙에 의해 운행되듯이 인간도 본성에 이성이 주어져 있고 이성의 법칙 즉 신의 법칙에 의해 지배된다고 보았다. 스토아학파는 신의 본성과 인간의 본성, 자연의 본성이 모두 이성으로 동일하다고 본다. 이 학파는 사람들에게 벌어지고 있는 모든 일과 사건들이 사람이 태어나기 전, 즉 태초부터 이미 결정되어 있었던 일이라고 주장한다. 이러한 세계관을 결정론적 세계관 또는 운명론이라고 말한다.

중세의 행복론

중세 시대는 교부철학과 스콜라철학이 발전했다. 이 두 철학 모두는 고대 그리스의 철학사상과 조화롭게 수용되었다. 특히 아우구스티누스(Augustinus, 354~430)는 플라톤의 철학을, 아퀴나스(Aquinas, 1225~1274)는 아리스토텔레스의 철학을 이용해 기독교 교리를 더욱 치밀하게 발전시켰다. 아우구스티누스는 플라톤의 이원론을 계승시켜 『신국론』(The City of God)을 저술했다. 아퀴나스는 아리스토텔레스의 논리학을 적용하여 신의 존재를 증명하는데 시도했다. 이처럼 중세는 고대 그리스 철학이 신학과 조화를 이루게 되었다. 이러한 기독교 사상은 고대 철학과 근대 철학을 연결해 주는 다리였다. 그 자체로서도 오늘날까지 상당한 영향력을 떨치고 있다.

아우구스티누스는 신의 은총과 더불어 덕의 실천하는 삶을 통해서 신과 하나 될 수 있다고 보았다. 신과 하나 됨으로써 행복에 도달할 수 있다는 것이다. 그는 최고의 덕을 신에 대한 사랑이지만 여기서 파생된 개별적인 덕들도 존재한다고 했다. 그것은 플라톤이 강조했던 지혜, 용기, 절제, 정의와 같은 덕들이다. 아우구스티누스는 플라톤이 주장한 4가지 덕을 그대로 사용하지 않고 사랑의 관점에서 재해석했다. 아퀴나스는 지성적 존재인 인간이 완전한 선을 이해할 수 있다고 보았다. 인간 의지가 그것을 욕구하고 나아가 신을 사랑한다는 것이다. 신을 닮아갈 수 있기에 행복은 도달이 가능한 것이 명백하다. 하지만 사람마다 행복에 도달하는 정도에는 차이가 있다고 주장했다. 또한 아퀴나스는 특별한 행위가 없어도 행복한 존재가 신밖에 없고 했다. 인간은 행복을 위해 올바른 의지를 갖출 필요가 있다는 것이다.

근대의 행복론

중세 시대는 무한히 선한 존재인 신이 있어 신을 기준으로 삼아 선을 추구했다. 신과 하나가 되는 삶의 추구는 행복에 이를 수 있다. 그러나 근대에 이르러 인간의 이성이 더욱 계몽되었다. 과학이 발전함에 중세의 신 중심적 사고는 인간 중심적 사고로 자연히 변했다. 이러한 변화로 행복에 이르는 방법은 인간이 스스로 찾아야 할 대상이 되었다. 근대가 되자 이러한 경향을 대표하는 철학이 속속 등장했다.

근대 철학자 가운데 스피노자(Spinoza, 1632~1677)의 행복론은 중세 기독교에서 강조한 인격의 신의 존재를 완전히 부정했다. 그는 인간이 스스로 행복에 이르는 길을 제시했다. 그는 세계를 창조한 인격의 신의 존재를 인정하지 않고 신을 자연으로 보았다. 사실상 스피노자의 철학은 무신론인 범신론적 사상의 바탕이다. 그는 자유인의 행복한 삶을 결정하는 것은 신(자연)에 대한 참된 인식의 여부였다. 임마누엘 칸트(Immanuel Kant, 1724~1804)는 개인의 행복이 아니라 신 의지에 따라 도덕적 행동할 것을 강조했다. 그는 행복의 관계를 무시하지 않았다. 그의 행복론은 행복에 이르는 방법이 무엇인지 구체적으로 알려주지는 않았다. 하지만 그의 진정한 행복은 누리기 위해 선한 의지를 실천하는 도덕적인 삶을 살아야 한다는 것이다.

현대의 행복론

근대 철학은 이성의 토대로 절대적인 체계를 완성했다. 반면, 현대 철학은 이성에 대한 불신과 회의를 표시했다. 그것은 보편적이고 추상적인 진리보다 현실의 구체적인 상황과 그에 맞는 진리 탐구였다. 실존주의 뿌리의 철학자 쇼펜하우어(Schopenhauer, 1788~1860)는 행복을 적극적인 것이 아니라 소극적인 것으로 보았다. 그의 진정한 행복론은 의지의 부정, 즉 금욕적인 삶을 살아감으로써 가능하다고 보았다. 예로 불교에서 말하는 열반의 경지에 이르는 과정에서 이기심을 극복한 무의지의 상태에 도달할 때만이 가능하다는 것이다.

특히 현대 행복론을 대표하는 러셀(Russell, 1872~1970)의 행복론은 현대 산업 사회의 다양한 문제점 속에서 불행을 낳는 제도적 원인과 인간의 심리를 날카롭게 분석하여 행복에 이르는 길을 제시했다. 그는 행복이 기다리면 저절로 찾아오는 행운이 아님을 강조했다. 행복은 그것을 성취하는데 필요한 생각의 변화와 절제된 삶의 태도로 노력을 통해 정복해야 할 대상이다. 러셀은 행복한 삶이 선한 삶과 대단히 흡사하다고 강조했다. 그러면서 행복은 자기 자신에 관심을 집중하고 자신만을 사랑하는 것이 아닌 오히려 관심을 외부로 돌려야 함을 강조했다. 이러한 러셀의 충고는 이기주의적 쾌락과 오직 자신에게 대한 관심으로 인해 권태에 빠진 현대인들에게 깊은 교훈을 준다.

십자가의 행복론

"쫓아오던 햇빛인데 지금 교회당 꼭대기 십자가에 걸리었습니다. 첨탑이 저렇게 높으니 어떻게 올라갈 수 있을까요. 종소리도 들려오지 않는데 휘파람이나 불며 서성거리다가, 괴로웠던 사나이, 행복한 예수 그리스도처럼 십자가가 허락된다면 모가지를 드리우고 꽃처럼 피어나는 피를 어두운 하늘 밑에 조용히 흘리겠습니다."

한국인이 가장 사랑하는 시인 윤동주(尹東柱, 1917~1945)의 시 《십자가》(十字架)다. 하늘과 바람과 별 사이에서 여전히 우리에게 울림을 주고 있는 윤동주가 어느 날 교회당 십자가를 올려보며 예수 그리스도처럼 행복한 피 흘림을 허락받기를 기도했다. 그러면서 십자가의 예수님을 행복한 예수 그리스도라고 했다.

왜 시인 윤동주는 예수님을 행복한 예수 그리스도라고 말했을까? 십자가는 하나님이 예수님을 이 땅에 보내신 목적이다. 그 십자가의 의미를 예수님은 너무나도 잘 알고 계셨다. 예수님은 자신이 십자가에서 죽음으로 사람들의 죄를 사하셨다. 예수님은 구원을 얻게 하여 하나님 나라에 들어가게 한다는 사실을 알고 계셨다.

그래서 예수님은 하나님 아버지의 뜻을 이루는 십자가에서 행복하셨다는 것이다. 십자가의 길은 행복한 길이다.

예수님은 자신을 따르는 제자들에게 자기 십자가를 지고 따르라 하신다(마태복음 16:24). 여기서 자기 십자가란 원수 같은 남편이 아니다. 자식들이나 혹은 시어머니가 아니다. 자신의 고질병이 자기 십자가가 아니다. 자기 십자가를 불교에서 말하는 업보의 개념으로 바라보는 것은 큰 잘못이다. 예수님은 자신을 향한 아버지의 뜻이 십자가였다. 예수님을 보내신 하나님의 뜻과 우리를 이 땅에 보내신 하나님의 뜻은 다르다. 예수님의 십자가와 우리의 십자가는 다르다. 우리 각자를 향하신 하나님의 기대하신 일이 바로 십자가라는 것이다.

사람은 자기 목숨을 못 박아도 좋은 보람 있는 사명의 길을 걸을 때 가장 행복하다. 그래서 시인 윤동주는 예수님의 십자가를 부러워했다. 자신에게도 십자가가 허락된다면 기꺼이 모가지를 드리우고 꽃처럼 피어나는 피를 조용히 흘리겠다며 말했다. 하나님이 주신 소명을 이룬 예수님은 진정한 행복자다. 우리를 행복자로 만들기 위해 예수님은 십자가에서 숨을 거두시기 전에 “다 이루었다” (Everything is done)라고 말씀하셨다(요한복음 19:30).

시인 윤동주는 별을 통해 십자가를 보았던 것처럼 주님이 주신별 속에서 십자가를 바라보았다. 행복했던 예수님처럼 우리도 사명의 길을 걸어야 한다. 무엇을 위해 어떻게 살 것인가? 이 선택의 문제에서 소유를 목적으로 삼고 산 사람은 결국 수중에 남을 것이 없다.

빈손으로 가지만 봉사하고 섬기기로 선택한 사람은 이 땅에서 하나님 나라를 실현하려는 흔적을 남기게 된다. 기독교 십자가의 행복론은 예수 그리스도의 십자가를 선포하는 데 있다. 이런 행복론은 교회 밖에 있는 사람들에게 특별한 반향을 불러일으킬 것이다.

구체적으로, 십자가의 행복론은 다음과 같은 역할을 한다. 첫째, 예수 그리스도의 십자가는 인간의 죄를 용서하는 기초가 된다. 둘째, 예수 그리스도의 십자가와 부활은 죄와 사망을 이긴다. 셋째, 예수 그리스도의 십자가는 깨지고 상한 인간을 치유한다. 마지막으로 넷째, 예수 그리스도의 십자가는 인간을 향한 하나님의 사랑을 입증한다.

십자가의 행복론은 만물을 창조하신 하나님이 우리를 구원하려고 친히 그분의 창조 세계 속으로 들어오셨다. 예수 그리스도께서는 우리 한 명 한 명의 마음을 돌보신다. 하나님은 자신의 전부를 우리에게 주셨다. 십자가의 행복론을 발견한 사람은 우리가 선하기에 하나님이 우리를 사랑하시리라 생각하지 않고, 하나님이 우리를 사랑하기 때문에 우리를 선하게 하시리라 생각한다.

행복하게
모든 사람을 대하라

지구와 달과의 거리는 약 38만 4천 킬로미터다. 한 사람이 큰 소리로 웃을 때, 그 웃음소리는 100M까지 전달된다. 384만 명이 동시에 큰 소리로 웃으면 그 소리는 달까지 전달될 것이다. 그리고 어머니의 얼굴 같은 보름달이 뜨면 그 소리는 메아리가 되어 다시 이 땅으로 되돌아올 것이다. 그러면 이 땅은 얼마나 더욱 행복할 수 있을까? 웃음은 건강의 비타민과 같다. 웃음은 관계의 윤활유다. 웃음은 얼굴의 꽃이다. 한바탕 웃음은 에어로빅을 하는 5분과 맞먹는다.

그래서 『탈무드』에는 "미소 짓는 법을 배우지 못했다면 가게 문을 열지 마라."는 말이 나온다. 그렇다. 웃음이 대인관계의 문을 여는 열쇠다. 일상에서 사람들을 만나면 웃음꽃이 피어나야 한다. 신약성경에서 바울은 복음을 전하다가 옥중에서도 "항상 기뻐하라 내가 다시 말하노니 기뻐하라."라고 말했다(빌립보서 4:4, 데살로니가전서 5:16-18).

사람은 언제 행복해질까? 연세대학교 철학과 명예교수 김형석은 행복은 예수님의 사랑을 가지고 모든 사람을 대할 때라고 말했다. 행복의 가장 중요한 원천은 우리가 맺고 있는 소중한 관계들이다. 우리가 자신이 행복해지는 가장 좋은 길은 남을 행복하게 하는 것이다. 우리가 추구하는 행복도 나만의 행복이 아니라 우리 모두의 행복이어야 한다.

그리스도인의 행복론

월세방에 살아도 행복하지 못한 사람은 전세방으로 이사 가도 행복하지 못하다. 그런 사람은 큰 집을 사서 이사를 해도 행복하지 못하다. 지금보다 더 많은 것을 갖고, 더 높은 지위에 올라야 행복할 것 같다고 생각한다. 바로 그 시점에 누려야 할 행복은 누리지 못한다. 행복은 지금의 이 순간을 잘 살아내는 데 있다. 행복은 먼 미래에 꼭짓점을 찍는 상승곡선이 아니다. 순간순간 점찍듯 그려지는 것이 행복이다.

무엇보다 행복을 우리에게 가르쳐 주신 예수님은 산상수훈(마태복음 5:1-12), 혹은 팔복을 통해 행복론을 가르쳤다. "내가 이렇게 행복한데 너희도 행복해야 한다."라는 예수님은 그 따뜻한 마음을 팔복에다 담으셨다. "복이 있나니"라는 단어는 감탄사다. "심령이 가난한 자들의 행복이여!", "온유한 자의 행복이여!", "의를 위하여 핍박을 받는 자의 행복이여!"라는 말이다. 심령이 가난하면 얼마나 행복한지 아는가? 화평케 하는 생활을 하면 얼마나 행복해지는지 아는가? 그 행복은 말로 표현할 수 없는 거라는 감탄과 감격이 들어 있다.

"복이 있나니"라는 말은 그리스어 '마카리오스'(μακαριος)라는 단어로 "복"이라는 뜻이다. '마카리오스'는 사람의 행복을 일컬을 때 사용하는 단어가 아니다. 하나님의 행복을 가리킬 때 사용하는 단어다. 예를 들어, "의에 주리고 목마른 자는 복이 있나니"라고 할 때 "의에 주리고 목마른 자의 행복"은 하나님이신 예수님 자기의 행복을 가리킨다. 예수님은 이 말을 통해 "내가 누리는 행복을 너희도 항상 체험하면서 살기를 바란다."라는 간절한 심정을 보여 주신다. 예수님처럼 행복해지기를 바라는 것이 하나님의 마음이다. 예수님은 자신이 누리셨던 그 하나님의 행복을 우리에게 팔복을 통해 전하신다. 하나님은 우리가 행복하기를 원하신다. 지금 행복한 그리스도인인가? 그리스도인이 행복하지 못하면, 나라와 민족도 교회도 가정도 행복하지 않다. 고난이 닥칠 때 포기하기보다 그 사이사이에 깃들어 있는 행복은 지금도 값진 행복을 경험할 수 있는 것이다.

결론적으로, 행복은 왜 필요한가에 대하여 살펴보았다. 그리스 신화에 나오는 미다스 왕은 엄청난 부자가 되면 행복해질 것이라 믿었다. 그래서 무엇이든 소원을 들어주겠다는 신에게, 자기의 손이 닿는 모든 것을 황금으로 변하게 해 달라고 간청했다. 신은 미다스 왕의 소원을 들어주었다. 크게 기뻐하며 황금을 만드는 일에 몰두했던 미다스 왕은 어느 순간 자기의 능력이 행복이 아니라 불행의 원천임을 발견하게 되었다. 그가 손대는 음식과 포도주가 황금으로 변해서 먹을 수 없게 된 것이다. 심지어 사랑하는 딸을 만지자 그 딸이 왕의 눈앞에서 황금상으로 변해 버렸다. 그는 이 세상에서 가장 부유한 사람이 되면 가장 행복한 사람이 될 걸로 믿었다. 하지만 결국에 그는 가장 불행한 사람이 되고 말았다. 무엇이든 손만 대면 성공하는 사람을 '미다스의 손을 가졌다.' 라고 말한다. 그래서 미다스는 성공의 대명사가 되었다.

어쩌면 우리도 미다스가 되기 위한 꿈을 꾸고 있는지 모른다. 이 이야기가 들려주듯 인생에서 가장 중요한 것은 물질적인 것이 아니다. 우리는 인생의 중심에 성공이 있다고 생각한다. 성공해야만 비로소 행복해진다고 믿는다. 그러나 우리 태양계의 중심이 우리가 믿었던 것처럼 지구가 아니다. 태양이듯 성공이 인생의 중심이라는 생각은 잘못된 것이다. 성공 대신에 행복을 우리 삶의 중심에 놓아야 한다.

행복을 인생의 기초 체력으로 본 이스라엘의 두 번째 왕이 다윗이다. 그가 "여호와께 피하는 모든 사람은 다 복이 있도다."(Blessed are all who take refuge in him.)라고 말했다(시편 2:12). 여기서 "~에게로 피하다."라는 말은 "~에게 의지하다."라는 말과 동의어다. 다시 말해, 하나님께로 자신을 내어 맡긴다는 뜻이다. 이처럼 하나님의 복은, 즉 하나님의 행복은 이스라엘에만 제한되지 않는다. 이방 모든 민족에게도 열려 있는 행복이다. 진정 행복한 사람은 악을 멀리한 채로 하나님의 율법을, 즉 하나님의 말씀을 늘 가까이 두고 공부해야 한다(시편 1:1-2). 하나님만을 유일한 피난처로 확신하는 그런 사람이 행복한 사람이다(시편 2:12). 하나님께로 피하는 모든 사람은 복을 받는다. 이처럼 메시아의 왕인 예수님을 피난처로 삼는 모든 사람은 다 행복한 사람이다(에베소서 1:3). 행복한 사람은 마음이 즐겁고 곧 웃음으로 나타난다. 마음의 즐거움, 즉 행복은 우리에게 많은 것을 가져 준다. 운이 좋으면 행복하고 운이 나쁘면 불행하다는 소극적인 생각을 버려야 한다. 행복을 주는 피난처인 대상자에게 기대해야 할 것이다.

인문학 토크 05

예배는 왜 필요한가?

한국교회에 잘 알려지지 않은 순교자가 참으로 많다. 그중에 전남 영광에 한국기독교를 대표하는 최고의 순교 성지가 염산교회(鹽山敎會)다. 이 교회 성도들은 신앙을 지키다 순교했다. 1950년 9월 28일은 공산당에 의해 잃었던 서울이 수복되던 날이다. 이때 남한을 빠져나가지 못한 공산당은 염산교회 성도들 가운데 3분의 2에 해당하는 무려 77명을 총살했다. 성도들은 미처 피난도 못 가 숨어서 가정예배를 드렸다.

당시 염산교회 김방호(金邦昊, 1887~1950) 목사는 그 죽음의 순간에도 "울지마라 우리는 곧 천국에 간다."라며 성도들을 위로했다. 가까스로 목숨을 건진 김방호 목사의 아들 김익 전도사는 순교한 유가족과 교인들을 위로했다. 당시에 이 처참한 학살에 가담한 좌익 주민들까지 품으며 예배를 드렸다. 우리 신앙의 선조들은 이렇듯 무시무시한 핍박과 환난 중에도 목숨과 맞바꿀지언정 하나님을 예배하는 것에 포기하지 않았다. 이것이 바로 예배의 본질과 핵심이다.

하나님은 자신의 예배를 위해 인간을 만드셨다. 인간이 창조된 이유다. 모든 것에는 존재적 이유가 있다. 인간의 존재는 곧 전능하신 아버지, 하늘과 땅의 창조주를 예배하는 것이다. 에덴동산에서 하나님의 명령에 불순종한 결과 인간은 죄를 범해 영광을 잃어버리고 타락했다. 빛이 인간의 마음속에서 사라졌다. 인간은 하나님을 예배하는 것에 멈췄다. 그리고 인간은 땅의 것들을 사랑하기 시작했다. 우리를 구원하기 위해 예수님의 생명을 내어주신 하나님께 그분의 거룩한 이름을 부르며 드리는 예배는 왜 필요한지에 대하여 살펴보자.

예배는
내면을 다이어트 시킨다

모든 종교는 예외 없이 예배가 존재한다. 타 종교와 마찬가지로 기독교는 신을 예배한다. 이 면에서는 크게 다르지 않다. 물론 기독교의 예배는 다르다. 타 종교의 신들은 우상을 대신하고 있다. 우상은 신들을 대리하고 있는 형상이다. 그 우상이 신을 대리할 수 없을 뿐만 아니라 없는 신을 우상의 형태로 만들어 섬긴다. 우상은 사람들이 만들었다. 거기에 사람의 욕망을 투영한 것이다. 모든 우상과 모든 종교의 예배는 사람이 자신의 기대와 열망을 포함한다. 더 나아가, 자신의 욕망을 투영해 만든 것에 불과하다. 대부분 종교의식과 크게 다르지 않은 것은 신적인 기원에서 찾기보다 사람들의 공통된 마음에서 찾는다.

사람들의 열망과 두려움에 대한 표현과 다르게 예배는 사람에게 기원하는 것이 아니다. 예배는 하나님에게 기원한다. 그것은 기독교가 계시종교이기 때문이다. 하나님이 친히 찾아와 주셨다. 하나님 자신이 어떤 분인지를 알려주셨다. 그래서 우리는 하나님을 알게 된다. 그 하나님을 섬기게 된다. 우리는 자신이 원하는 방식대로 예배하는 게 아니다. 하나님이 요구하시는 방법으로 예배하는 것이다. 하나님은 십계명의 제1계명을 통해 하나님만 섬기라 말씀하신다. 제2계명은 하나님을 섬기는 방법을 알려 주셨다. 그것이 바로 우상을 만들어 섬기지 말라는 제2계명의 뜻이다.

그 중요성을 아무리 강조해도 지나치지 않는 것이 예배다. 예배는 인간의 행위이지만 헌신과 예배의 대상을 인식하지 않고 수행할 수 없는 과업이다(시편 123:1-2, 이사야 1:18). 예배는 우리를 부르시는 대상자를 찾는 것이다. 이것이 하나님께 엎드려 경배와 찬양을 올려드리는 피조물의 존재적 의미다. 예배란 단어에 "엎드리어 경배하다"라는 의미에서 잘 나타난다. 참된 예배는 사람으로부터 시작하지 않고 하나님으로부터 시작한다. 하나님의 부르심에 대한 인간의 마땅한 응답이 예배다. 인간이 가히 가까이하지 못할 빛에 거하시는 하나님이 자신을 보기를 허락하실 때, 그리고 그를 부르실 때, 인간은 비로소 하나님 앞에 나아갈 수 있다.

거룩하신 하나님에게 예배드리는 곳인 예배당은 거룩한 집, 혹은 성전이라고도 부른다. 두세 사람이 예수 그리스도의 이름으로 모인 곳, 그곳이 어디든지 주님이 오셔서 그들 중에 함께 하신다(마태복음 18:20). 그곳에서 그들이 드리는 기도를 하나님이 들어주신다. 예배가 열납(悅納) 되게, 즉 기쁘시게 받으신다. 예배란 구원 받은 그리스도인이 받은바 은혜에 대한 감사다. 하나님께 존경의 태도가 경배다. 즉 헌신하는 행위를 말한다. 몸과 시간과 물질을 드린다. 신령과 진정으로 드리는 예배자의 영적 예배를 하나님은 기뻐받으신다(요한복음 4:24).

예배는
시간 낭비다

우리말로 예배는 "예로써 절한다.", "예를 갖추어 경배한다."라는 뜻이다. 기독교는 교회에서 신앙의 대상인 하나님께 마음과 뜻과 정성을 모아 예를 갖춘다. 즉 섬기는 모든 행위를 말한다. 이를 통해 그리스도인은 하나님의 임재를 체험한다. 하나님과 더 깊은 사귐의 단계에 들어간다. 예배는 일정한 양식에 따라 이뤄진다. 보통 찬송과 기도, 성경 봉독과 설교, 성찬 등의 순서로 진행된다. 예배는 그 순서 하나하나에 하나님의 임재를 체험하는 데 있다. 인간이 온몸을 통해 하나님의 임재하심을 체험하고 그와 특별한 교제를 이룰 때 예배는 극치에 다다른다.

사실 한국교회의 전통적인 예배는 영적 종교현상의 시간을 기준으로 한다. 3일, 21일, 40일, 100일, 새벽과 밤, 그리고 기독교가 적용하고 있는 각종 기도회와 특별예배로 구분한 새벽기도회, 금요 심야 기도회, 특별 작정 기도회 등이 있다. 그리고 예수님이 부활하신 주의 날로 일요일은 예배하는 날로 지킨다. 우리가 예배하는 대상은 하나님이시다. 예배자는 예배받으시는 하나님을 의식한다. 그분을 경외하는 마음으로 드리는 것이 예배다.

안타까운 것은 하나님에게 뚜렷한 의식 없이 예배드리는 사람들이 있을 수 있다. 어떤 사람은 유명한 설교자의 설교를 듣기 위해 예배의 자리에 나온다. 어떤 사람은 세련된 교회 건물을 본다. 또 어떤 사람은 파이프 오르간 같은 고급스러운 음악 소리나 잘 구성된 찬양대의 모습 때문이다. 이렇게 교회를 선택하고 예배드리며 만족을 얻기도 한다. 그러나 이것은 예배의 본질적인 동기나 목적과는 거리가 멀다. 예배는 우리의 기호나 만족을 위해 드리는 것이 아니다. 예배를 드릴 때 우리의 중심은 예배의 대상이신 하나님을 향해야 한다.

영국의 성공회 평신도 신학자였던 에블린 언더힐(Evelyn Underhill, 1875~1941)은 기독교 예배를 자신을 드러내시는 영원하신 하나님 한 분에게 드리는 사람의 전적 경배라고 말했다. 기독교의 예배는 예배의 대상이신 하나님이 직접 명령하신 것이다. 이러한 예배는 인간의 산물이 아니라 하나님이 예배자에게 직접 명령했다. 언제, 어디서, 누가, 무엇을, 어떻게, 왜 드려야 하는지를 너무나 분명하게 나타낸다.

신학적으로, 예배는 분명히 해야 한다. 그 예배는 하나님이 열납하시는 거룩한 산 제사가 된다. 첫째, 하나님이 중심인 예배다. 둘째, 예수 그리스도 안에서의 예배다. 셋째, 성령이 함께하시는 예배다. 넷째, 성경의 권위가 존중하는 예배다. 다섯째, 복음의 균형이 있는 예배다. 여섯째, 상징성을 고려하는 예배다. 일곱째, 회중의 적극적 참여가 있는 예배다. 여덟째, 지체들과 함께하는 예배다. 아홉째, 삶에 적용 점이 있는 예배다.

예배는 이 땅에 현재 살아가는 모든 장소에 있는 모든 그리스도인을 포함한다. 현재 살아있는 모든 시간에 거하는 모든 그리스도인이다. 주목할 것이 하나님은 예배의 주체이고 주인공이라는 사실이다. 왜냐하면 예배는 우리의 아이디어가 아니다. 예나 지금이나 앞으로도 하나님의 아이디어가 예배다. 하나님은 항상 이러한 연극을 연출하고 계신다. 예배가 영원한 삶의 중심이 되는 경험이기도 하다. 예배는 궁극적인 장기 투자에 해당한다. 우리가 예배하는 것은 하나님이 예배받으시기에 합당하신 분이시기 때문이다.

그렇지만 오늘날 하나님을 보지 못하게 가리는 요인이 너무나 많다. 물론 스쳐 가는 구름이 태양이나 달의 존재를 없앨 수는 없다. 이렇듯 하나님을 가리는 요인도 결코 그분의 존재를 없앨 수 없다. 하나님은 당신의 백성들을 예배로 초청하신다. 예배는 결코 시간적인 낭비가 아니다. 세상의 눈으로 보면, 하나님을 예배하는 것은 시간 낭비다. 사회학적인 관점에서 예배에 참석해서 얻는 유익은 전혀 없다. 예배를 실용주의 관점에서 이해해서는 안 된다. 예배의 목적은 하나님께 점수를 따거나 성공한 교회임을 과시하는 데 있지 않다. 인간이 예배하는 단 한 가지 이유는 하나님이 예배받으시기에 합당하기 때문이다. 예배는 하나님에게 점수를 따는 데 도움이 되는 것도 아니다. 인간은 자신을 개선 시킬 능력도 전혀 없다. 언제나 무기력한 죄인일 뿐이다. 그러나 하나님은 언제나 자비와 긍휼과 은혜와 인자가 넘치는 분이다. 인간은 그분께 나아갈 때 기꺼이 용서하신다. 예배는 시간 낭비이지만 동시에 참으로 고귀한 시간을 낭비하는 것이다.

다시, 예배다운 예배를 드리라

예배의 본질은 예수님이 사마리아 여인과의 우물가에서 대화 내용이다(요한복음 4:21-24). 여인은 자기 죄의 모습을 뒤로하고 예수님에게 어떻게 예배하는 것이 참된 예배인가를 질문했다. 당시 사마리아인들과 유대인들은 산에서 예배했다. 예수님은 어떻게 예배하는 것이 참 예배인지를 말씀해주셨다. 유대인이나 사마리아인이나 모두 이미 예배에 관해서 그럴듯한 관습을 가졌다. 구약성경에서 하나님은 유대인에게 예배 형식에 대해서도 언급하셨다. 예수님 시대에는 이러한 형태의 예배가 더는 필요치 않다고 가르치셨다. 예배자가 언제든지 영과 진리로 예배해야 한다고 가르치셨다. 예배자가 하나님의 본질, 즉 진리를 알고 영으로 예배해야 한다. 이러한 합리적인 예배가 그리스도인의 일상에서 예배의 삶이 되어야 한다.

예배는 철저히 그리스도인의 삶과 깊이 연결된다. 하나님은 이 땅에 자신의 공의를 바로 확립하셨다. 이스라엘 백성은 하나님과 진정한 관계를 맺기 위해 예배했다. 반드시 존중하고 준수해야 할 핵심 사항이다. 그것은 형식적인 예배를 대신할 수 없는 것이다(호세아 6:6). 하나님에 대한 참된 앎은 공적인 예배의 자리만이 아니다. 일상의 자리에서도 똑같이 실재가 되어야 한다. 그리스도인은 하나님을 예배로만 아는 것이 아니라 일상에서도 알아야 한다.

그리스도인은 성경 구절에만 밑줄을 쳐서는 안 된다. 일상에서도 밑줄을 쳐야 한다. 하나님에 대한 고백과 찬양은 예배 때만의 독점물이 아니다. 일상에서 더 많이 더 크게 더 경건하게 더 울려 퍼져야 한다. 하나님은 제사와 번제보다 인간적 도리를 다하는 것을 원하신다. 하나님은 자신에 대해 아는 것을 더 기뻐하신다. 하나님이 번제를 드리는 종교 행위, 즉 예배 자체를 거부하는 것은 아니다. 다만 종교 행위로서의 예배보다 우선 선행될 것이 있다. 일상의 인간관계 속에서 주어진 도리에 충실을 강조한다. 이것은 예수님의 산상수훈에 나오는 말씀과도 일맥상통한다(마태복음 5:23-24).

하나님의 백성으로 그리스도인의 도리는, 즉 예배자의 도리는 예배 이외의 일상에서 인간관계에서도 더 잘 드러나야 한다. 구약성경 저자 가운데 호세아는 가정과 교회, 일상에서 요구한다. 그는 인간적 도리로서 충실한 도리의 영성으로 그리스도인에게 가르친다. 오늘날 한국 사회는 그리스도인들에게 교회에서 마찬가지로 교회 밖 일상에서도 인간관계를 중요시한다. 사회생활에서 최소한의 상식적인 행동과 처신을 요구한다. 이런 현실에서 그리스도인들은 무엇보다 일상의 자리다. 자신에게 주어진 인간적 도리에 충실함은 예배보다 더는 시급한 과제다. 진실로 상식이 예배 보다 우선이고, 그것이 하나님을 바로 아는 것이다.

다시, 예배다운 예배는 예배당을 벗어나도 예배자로서 일상을 살아가는 것이다. 한 시간만이 아닌 하나님을 예배하는 우리의 일상 전체로 하나님을 예배해야 한다. 코로나19(COVID-19)는 우리를 예배당 신앙에서 일상의 신앙으로 옮겨 놓았다. 하나님은 일상에서 드리는 예배를 회복하도록 촉구하신다. 구약성경에서 가인은 예배를 드리고 제물도 드렸다. 하나님이 그의 제사를 받지 않으셨다. 그 이유는 예배와 일상이 분리되었기 때문이다. 하나님의 말씀이 가인의 일상 한 가운데에 있지 않아서다. 죄 가운데 있으면서 말씀을 무시했던 가인의 일상을 하나님은 받으실 수가 없었다. 하나님은 우리가 하나님이 주신 말씀대로 살기를 소원하신다. 하나님이 부어주신 성령을 따라 살 때 우리는 하나님의 말씀을 따라 살 수 있는 것이다.

구약성경과 신약성경은 어느 시대를 막론하고 성령의 역사가 없으면 사람이 변하지 않는다. 성령의 역사가 없으면 예배도 마음도 부패하고 게으르다. 자기중심적 예배를 드리게 된다. 다시 말해, 하나님을 기쁘시게 하는 예배다운 예배를 드릴 수 없다. 하나님의 영, 즉 성령의 인도하심을 받지 않는 예배, 기도, 성경 공부, 제직회의, 교회사역은 모두 포장만 그럴듯할 뿐이지 생명이 없다.

다시, 예배다운 예배를 드리는 그리스도인은 일상에서 예수님을 보여 주는 광고판이다. 그런 예배자의 일상을 살았던 사례가 있다. 부산대학교는 1946년 5월에 세워진 국립대학교로 유명하다. 이 대학에 초대 총장을 지낸 윤인구(尹仁駒, 1903~1986) 박사는 일본 명치학원(현 메이지가쿠인대학) 신학부를 졸업하고, 미국 프린스턴신학대학원과 영국 에딘버러대학교를 졸업한 목사였다. 그는 1932년 7월 28일 진주교회의 제4대 담임목사로 부임했다. 그리고 1935년 그는 목회 못지않게 교육이 나라의 미래를 되살릴 중요한 길이라고 보고, 마산 복음농업실수학교(福音農業實樹學校)의 교장이 된다. 그리고 연세대학교 3대 총장을 지내기도 했다.

이어 부산대학교 총장이 된 윤인구 목사는 어떻게 하면 하나님이 기뻐하시는 대학교를 만들까를 고민했다. 국립대학교였음에도 불구하고 당시에 입학식과 졸업식 등 주요 행사는 예배였다. 모든 예식에는 성가대가 하나님께 영광을 올렸다. 그가 만든 학교 캠퍼스 중앙에 프린스턴대학교의 한 건물을 모델로 삼아 예배실을 가장 먼저 지었다. 그는 기도하면서 공사를 진행했다. 1959년 전국

하기 기독교 학생대회가 이 예배실에서 열렸다. 사실 부산대학교 설립 당시 건물은 예배실로 시작되었다. 현재는 부산대학교 박물관으로 사용된다. 이처럼 학교와 학생들을 위해 헌신한 삶을 살아온 그는 입버릇처럼 말했다. "나는 나중에 부산대를 그만두면 이 학교 수위 할 거야!"

윤인구 목사와 그의 모친 사이에 나눈 대화는 너무나 유명하다. 어머니는 아들에게 이렇게 물었다. "예수교 학교를 안 만들고 와 국립대학을 만드노?" 아들은 이렇게 대답했다. "어머니, 예수교 학교라고 그러면은, 크리스챤 학교라 그러면은, 예수 믿는 사람만 안 옵니까? 예수 믿는 사람은 연못에 있는 고기와 같고, 저 태평양에 고기가 많은데 그거 낚아야지요." 마지막으로 어머니는 아들에게 말했다. "아 그렇나. 맞다. 맞다."

윤인구 목사는 오늘날 빛을 잃어 가고 있는 교회, 생명이 사라지고 있는 교육 현장에서 거룩한 다음 세대를 일으키는 부흥의 우물, 작은 예수가 되었다. 우리는 세상에 예수님을 보여 주는 광고판이 되어야 하지 않을까? 작은 예수인 우리는 빛의 갑옷, 예수 그리스도로 옷 입고 열매 맺는 삶을 살아야 한다. 다시 예배다운 예배를 드리는 그리스도인의 참된 모습으로 일상에서 거듭나야 할 것이다.

결론적으로, 예배는 왜 필요한가에 대하여 살펴보았다. 사람들과의 만남도 그런 것처럼 예배의 필요성은 하나님과의 만남이다. 어느 정글 지역에서 선교를 마치고 돌아가는 한 선교사가 며칠간

묵었던 한 그리스도인의 집에 자신이 쓰다 남은 세탁비누를 주고 갔다. 비누를 처음 본 그 집주인은 이것이 먹는 음식인 줄로 알았다. 가족들과 함께 나누어 먹었지만 통 맛이 없었다.

불쾌해진 주인은 선교사가 다시 오기만을 기다렸다. 해가 바뀌고 선교사가 다시 찾아오자 집주인은 비누 먹은 이야기를 해주었다. 선교사는 껄껄 웃으면서 "그것은 더러워진 옷을 깨끗이 세탁하여 입으라고 드린 것입니다."라고 말했다. 집주인이 "그것으로 더러워진 옷을 세탁하면 희어지는 겁니까?"하고 묻자, 선교사는 "그렇습니다."라고 대답했다. 그러자 집주인은 매우 기뻐하면서 춤을 추기 시작했다. 그래서 이번에는 선교사가 주인에게 물었다. "왜 그렇게 기뻐하는 겁니까?" 그러자 주인이 대답했다. "그 비누를 우리 집 식구가 다 먹었으니 우리의 마음이 깨끗해졌을 것이 아닙니까? 그래서 나는 정말로 기쁩니다!"

인간의 죄는 물로 비누로도 씻을 수 없다. 오직 하나님의 어린양 되시는 예수 그리스도의 피, 우리 주님이 십자가에서 흘려 주신 보혈로만 정결케 된다. 이미 주님을 믿는 사람들도 진리의 말씀으로 심령과 삶이 날마다 새롭게 될 수 있다. 예배를 통한 하나님과의 만남에 따라 인간은 행복의 질이 달라진다. 일상의 예배는 거룩하다고 여겨지는 종교적인 모습을 갖췄을 때가 아니다. 일상에서 하나님의 말씀을 실천할 때 비로소 이루어지는 것이다. 다시, 예배다운 예배로 돌아가는 그리스도인은 장엄하고 온유하신 하나님을 세상에 보여 주는 거울이다.

인문학 토크 06

감사는 왜 필요한가?

파선되어 표류하다가 무인도에 정착한 로빈슨 크루소(Robinson Crusoe)는 매일의 일상을 노트에다 다음과 같이 기록했다. "내가 외로운 섬에 던져진 것은 나쁜 일이었지만, 바다에서 익사하지 않은 것은 좋은 일이었다. 내가 인간사회에서 추방된 것은 나쁜 일이었지만, 굶어 죽지 않은 건 좋은 일이었다. 내가 옷이 없는 것은 나쁜 일이었지만, 옷이 필요 없을 정도로 날씨가 따뜻한 건 좋은 일이었다. 나에게 방어 도구가 없는 것은 나쁜 일이었지만, 나를 해칠 야수들이 없는 건 좋은 일이었다. 말할 상대가 없는 것은 나쁜 일이었지만, 하나님과만 대화할 수 있는 건 좋은 일이었다. 파선되어 멀리 항해할 수 없는 것은 나쁜 일이었지만, 파선된 배를 해안 가까이에 보내 주셔서 내가 필요한 것을 구할 수 있었던 건 좋은 일이었다."

크루소는 좋은 것과 나쁜 것을 모두 열거한 다음, 이 세상에는 부정적인 일이든 긍정적인 일이든 너무 비참해서 감사할 수 없는 것은 아무것도 없다는 결론을 내렸다. 전혀 감사할 상황이 아닌데 한 사람의 인생을 위대하게 만든 감사는 왜 필요한지에 대하여 살펴보자.

만종의 부부처럼 감사하라

그리스어로 감사는 '유카리스티아'(εὐχαριστία)라 부른다. 원래 뜻은 '고마움', '감사'라는 의미다. 그 감사의 대상에는 은혜를 베푼 하나님으로 분명히 드러나거나 암시된다. 17세기 영국의 저술가인 아이작 월튼(Izaak Walton, 1594~1683)은 감사를 하나님이 거하시는 데는 두 곳이 있는데 하나는 천국, 다른 하나는 부드럽고 감사하는 마음이라고 말했다. 감사를 선택하느냐 불평을 선택하느냐에 따라 천국이 될 수도 있고 지옥이 될 수도 있다. 행복해서 감사가 아니라, 감사해서 우리는 행복하다.

이러한 감사의 도전을 주는 것을 성경에서는 감사의 단어가 무려 188구절에서 196회가 나온다. 구약성경에서는 시편에 가장 많이 나오고, 신약성경에서는 바울 서신에 가장 많이 나타난다. 그만큼 성경은 감사를 굉장히 중요하게 취급한다. 주로 다윗과 바울은 감사를 많이 고백했다. 그뿐만 아니라 지금도 많이 감사하라고 입버릇처럼 떠든다. 창조 이래로, 하나님은 우리를 생각하시고 아무 것도 없는 공허 속에서 존재하게 하신 분이다. 그러니 하나님에게 얼마나 감사한 일인가? 우리가 범죄 했을 때도 하나님은 우리를 여전히 기억하여 자기 아들을 보내사 우리를 위해 죽게 하셨다. 이로써 우리는 예배를 통해 기뻐하시는 하나님께 감사할 수 있다. 그러니 우리는 일상에서 넘치는 하나님의 그 사랑을 알아차리는 행복한 여정을 시작하는 중이다. 진정한 감사는 감사한다고 말할 수 있는 대상이 있어야 한다. 첫째는 하나님을 향한 감사다. 둘째는 나에게 대한 감사다. 셋째는 나와 함께 하는 모든 것이 감사이다. 이처럼 우리의 삶에 흐르는 풍요로움과 차고 넘치는 은혜와 사랑을 깊이 감사하며 하루하루의 선물을 감사로 표현해야 한다.

밀레의 그림 만종(晩種)을 보면, 저녁노을이 가득한 가을 들판 너머로 작고 아스라한 마을에서 울려 퍼지는 교회 종소리가 그림 밖으로까지 새어 나올 것 같다. 들판에서 고된 노동의 시간을 보낸 젊은 부부는 그 종소리를 들으며 두 손을 모으고 있다. 아름답고 평화로운 풍경이 아닐 수 없다. 이들 부부는 무슨 기도를 하고 있을까? 소박한 농부의 하루를 주신 하나님께 감사의 기도를 드리는 것은 아닐까? 모든 감사는 넘침과 만족에서 나온다. 모자람과 결핍에서는 불평과 불만이 나온다. 중요한 것은 이 넘침과 모자람이 생각의 문제라는 것이다. 똑같은 상황에서도 어떤 이는 감사하지만, 어떤 이는 불평한다. 감자 몇 알이 담긴 바구니, 낡은 농기구, 허름한 옷차림에도 만종의 부부는 일상에서 감사하고 있다.

베토벤처럼
감사를 노래하라

위대한 인물들의 특징을 살펴보면 감사를 실천했다. 조직개발 전문기업 QBQ INC 창립자인 존 밀러(John G. Miller, 1958~)는 사람이 얼마나 행복한가는 그가 감사함을 느끼는 깊이에 달려있다고 말했다. 청각장애로 거의 소리를 듣지 못하게 되었을 때 영혼의 귀를 열어주신 하나님께 감사했다. 그 사람이 악성 베토벤(Ludwig van Beethoven, 1770~1827)이다. 그에게 감사는 모든 부정적인 요소를 극복하게 했다. 위대한 작품들을 탄생시켰다. 1001년부터 2000년까지 천년 동안이나 인류에게 가장 공헌했던 인물로 1위로 꼽힌 사람이 토머스 에디슨(Thomas A. Edison, 1847~1931)이다. 그도 베토벤처럼 청각장애인으로 오히려 연구에 몰두할 수 있는 계기가 되었다며 하나님께 감사했다. 그 감사의 태도는 많은 발명품을 통해 영향력 있은 삶으로 연결되었다.

구약성경에서 다니엘은 사자 굴에 들어가는 것을 알고 평소 하던 대로 하나님께 감사했다. 다니엘을 최고 지혜자로 만든 것은 감사의 실천적 습관이다(다니엘 6:10). 학벌, 돈, 건강, 권력, 외모 등 모든 걸 갖춘 사람이 감사할 것 같다. 그런데 주변을 돌아보면 그렇지 않다. 감사는 깨닫는 사람의 몫이다. 즉 철든 사람이 감사한다. 사람이 철드는 일은 쉽지 않다. 특히 남성들은 죽을 때쯤 겨우 철든다. 나이를 먹는다고 철드는 것이 아니다. 그러나 하나님의 은혜를 입으면 철든다. 그래서 감사를 통한 은혜는 겸손한 사람, 마음이 가난한 사람, 깨어있는 사람에게 찾아오는 하나님의 선물이다.

감사
합니다

고대 철학자 아리스토텔레스(Αριστοτέλης)는 인간의 궁극적인 목적을 행복이라고 말했다. 이러한 행복을 미국의 TV 뉴스 진행자였던 데브라 노빌(Dedorah A. Norville, 1958~)은 우리가 행복을 좇고 있지만 행복이 어디에서 시작되는지 모른다. 그런데 어떤 사람들은 '감사합니다.' 라는 말을 자주 할수록 행복해진다고 말했다. 인간이 그토록 찾는 행복은 멀리 있는 것이 아니다. 아주 가까운 데 행복이 있다. 즉, 감사하는 마음에 있다. 행복을 이끄는 것은 노빌이 말한 대로 "감사합니다." 라는 말 한마디면 된다. 그 감사의 힘을 노래하고 경험했던 대표적인 두 인물을 성경에서 찾아보자.

시인의 감사

먼저 구약성경에서 감사의 힘을 노래했던 사람이 있다. 이스라엘 왕이었던 다윗이다. 다윗의 감사가 구약성경에 가장 많이 나온다. 그의 삶을 보아도 모든 상황에서 감사하는 자세로 살았다. 대부분 사람은 다윗의 고통스러운 삶을 싫어한다. 사람들은 그의 고통의 삶에 관심이 없고, 그가 누렸던 풍요와 평안의 삶만을 좋아한다. 당연히 그가 감사의 노래를 많이 부를 수밖에 없었다고 생각한다. 그러나 다윗만큼 고난과 역경의 세월을 많이 보냈던 인물도 흔치 않다.

어떤 최악의 상황에서도 다윗은 자신을 하나님의 종으로 생각했다. 한없이 낮아진 마음으로 모든 일에 감사하는 마음의 자세를 보였다. 그는 하나님에게 자기의 삶을 기꺼이 내어드렸다. 왕이 된 후에도 그는 성전에 들어가 기도했다. 자신의 인생을 되돌아본 것이다. 자신은 비천한 집안의 일개 목동에 불과하며 하나님의 종으로서 부르심을 받았다는 사실을 깨달았다(사무엘하 7:18, 시편 116:16, 시편 119:125). 그리고 다윗은 부족한 목동인 자신을 부르신 하나님을, 기름 부으신 하나님을, 왕으로 삼아주신 하나님을, 백향목 왕궁에 거하게 하신 하나님의 은혜를 생각할 때 감사하지 않을 수 없었다(시편 116:12-14). 그는 과거의 역사를 떠올리며 이스라엘 백성들에게 함께 하나님께 감사하자고 고백했다. 동시에 자신이 먼저 감사하고 더 감사하려고 쓴 것이 시편 65편이다. 시편의 수많은 다윗의 시들을 보면 원망과 불평도 많았다. 하지만 그런 중에도 감사를 잊지 않았던 사람이 다윗이었다.

19~20세기 독일 태생의 유대계 이론물리학자요 상대성이론을 발표해 과학계의 혁명을 이끌었던 사람이 알베르트 아인슈타인(Albert Einstein, 1879~1955)이다. 그와 함께 연구하여 자동 카메라를 발명했던 토마스 북키(Thomas L. Bucky) 박사는 아인슈타인에 대하여 다

음과 같은 기록을 남겼다. "그는 조그마한 일에도 감사를 잘하는 분이었습니다. 나의 아버지 구스타브 북키와 아인슈타인은 친구 사이셨는데, 그는 우리 집에 방문할 때마다 저를 안아주며 무척 귀여워해 주셨습니다. 그래서 저는 여덟 살이 되던 해의 크리스마스 날, 그분께 요요(Yo-Yo)를 하나 선물했습니다. 지금 생각해 보면 그 장난감이 그분께 무슨 쓸모가 있었겠습니까? 그러나 그분은 친절하게 감사의 답장을 해주셨습니다. '산타클로스도 찾아오기 싫어하는 꼬부랑 할멈과 늙은 영감에게 귀한 선물을 주니 그 고마움을 이루 말로 다 할 수 없다.' 라는 재미있는 글과 함께 말이죠. 그 이후로도 저는 감사하는 데 인색하지 않은 그분의 모습을 보아왔습니다."

바쁜 일상을 살아도 이러한 감사의 마음을 놓쳐서는 안 된다. 개개인의 감사가 회복될 때 가정과 교회, 나라 전체의 감사로 확대된다. 시인 다윗처럼 내가 먼저 감사의 마음을 가지고 기도하면 감사의 회복을 누릴 것이다.

사도의 감사

감사의 힘을 아는 사람은 감사하면서 살아간다. 신약성경에서 그러한 감사의 힘을 경험한 사람이 있다. 예수님을 가장 많이 닮은 사도 바울이다. 사실 사도 바울은 자신의 모든 서신서에서 감사로 시작해서 감사로 마쳤다. 먼저 로마서 1장 8절에서 "먼저 내가 예수 그리스도로 말미암아 너희 모든 사람에 관하여 내 하나님께 감사함은 너희 믿음이 온 세상에 전파됨이로다."라고 말했다. 그리고 로마서 16장 4절에서는 "그들은 내 목숨을 위하여 자기들의 목까지도 내놓았나니 나뿐 아니라 이방인의 모든 교회도 그들에게 감사하느니라."라고 말했다. 또한 사도 바울은 에베소 그리스도인들에게 "범사에 우리 주 예수 그리스도의 이름으로 항상 아버지 하나님께 감사하며"라고 말했다(에베소서 5:20).

한국의 슈바이처로 알려진 사람이 장기려(張起呂, 1911~1995) 박사다. 간곡한 재혼 권유를 물리치고 친구의 사무실로 온 그는 2층 계단을 내려오다가 발을 헛디뎌 그만 한쪽 아킬레스건이 끊어지는 불상사를 당했다. 그는 즉시 병원에 입원했다. 그 병상에서 세 가지 감사를 드렸다. 첫째, 하나님의 도우심으로 자신을 이겨낸 것을 마치 자기가 선하여 이룬 것으로 생각했던 불경죄를 깨닫게 되어 감사했다. 둘째, 그동안 만나보지 못했던 많은 친지와 제자들을 만날 수 있게 됨을 감사했다. 셋째, 바빠서 읽지 못했던 책들을 병상에서 조용히 읽을 수 있음을 감사했다. 그는 기적처럼 아킬레스건이 잘 이어져서 그 후 노령임에도 불구하고 테니스까지 칠 수 있었다. 늘 겸손한 마음으로 어려운 사람들을 돌보는 감사의 삶을 실천했던 그다. 그리스도인은 행복을 여는 열쇠인 감사가 일회성으로 끝나는 것이 아니라 매일 매일 감사하고 평생을 감사해야 할 것이다.

결론적으로, 감사는 왜 필요한가에 대하여 살펴보았다. 사실 감사는 그리스어로 '유카리스티아'(εὐχαριστία)다. 그런데 단어 중간을 잘 보면, '카리스'(χάρις)라는 '은혜'가 들었다. 다시 말해, 은혜라는 의식이 회복되면 감사가 나온다는 것이다.

1943년 뉴기니 바다에 미국 수송기가 격추되었다. 그런데 그중 일곱 명은 섬사람들에 의해 구출되었다. 그들은 치료받고 숨어 있다가 미국으로 무사히 인도되었다. 25년 후, 남태평양 한구석에 떨어진 작은 섬 카카오에 미국인 부부가 찾아갔다. 그들은 이 섬에서 구출된 비행사 프레드 하겐샤이머(Fred Hargensheimer)와 그의 부인이었다. 이들 부부는 그때 받은 은혜에 너무 감사했다. 14개월 동안을 그곳에 머물면서 25년간 저축한 돈으로 학교를 세우고 미국으로 돌아갔다.

은혜를 아는 사람은 바로 이처럼 감사의 삶을 살아간다. 하나님께 받은 은혜와 구원에 감사한다. 자신을 위해 살아가는 사람이 아니라 하나님을 위해, 이웃을 위해 사는 사람이 바로 감사하는 사람다운 모습이다. 감사의 삶을 살고 있는가? 감사는 특별한 일이 있을 때 감사하는 것이 아니다. 하나님의 뜻인 범사에 감사하라는 성경 말씀을 통해 자신을 돌아보고 날마다 감사하려고 노력해야 한다. 감사로 자신의 인격과 삶을 다듬어 가는 사람이 되어야 한다. 하나님께 감사했던 예수님의 감사처럼 닮아가는 사람이 되어야 한다. 평범한 삶 그 자체에서 사람에게 감사해야 한다. 하나님께도 감사하는 사람이 진정한 감사의 사람이다. 이렇게 감사를 고백해 보자. "나는 당신을 만나 감사합니다. 나는 당신을 만나 행복합니다. 나는 당신을 사랑합니다."

인문학 토크 07

사랑은 왜 필요한가?

거리와 카페, 라디오와 TV에서 가장 많이 흘러나오는 노래가 사랑이다. 시와 소설, 영화와 드라마도 사랑의 주제가 가장 많다. 인생의 기쁨과 슬픔도 이른바 사랑하는 사람과 사랑했던 사람에게서 나온다. 그래서 사랑의 교통사고는 정말로 아픈 것이다. 독일의 실존주의 철학자 니체(Friedrich W. Nietzsche, 1844~1900)는 자신의 책 『우상의 황혼』(Götzen Dämmerung)에서 인생의 사관학교에서 우리를 죽이지 못하는 것은 우리를 더 강하게 만든다(That which does not kill us makes us stronger)고 말했다. 지난 코로나19로 길고 참 지루했던 감염병에도 죽지 않고 살아남았다. 이제 우리는 사랑으로 강해질 차례다.

누구나 사랑을 한 번쯤 해보았을 거다. 하지만 사랑이 무엇인지 질문하면 정확한 답변을 하기가 어렵다. 이 세상에는 많은 형태의 사랑이 존재한다. 한 사람을 끝까지 사랑하기가 얼마나 어려운지 모른다. 사람은 본질상 이기적이고 자기중심적이다. 그러니 참다운 사랑을 하기란 어렵다. 가장 가까운 가족이나 친구조차도 사랑하기 어렵다. 그럼에도 불구하고 조건적이고 상대적인 모든 인간에게 사랑은 왜 필요한지에 대하여 살펴보자.

믿음, 소망, 사랑 모두 필요하다

구약성경에서 사랑은 히브리어로 하나님의 언약 관계를 말한다. 이때 '헤쎄드'(חֶסֶד)라는 단어로 표현된다. 개인적인 사랑을 말할 때는 '아하브'(אָהַב)라는 단어로 많이 사용된다. '헤쎄드'는 시편 135편에서 26회나 사용될 정도다. '사랑', '친절함', '인자함', '자비' 등을 나타낸다. 그 외에 창세기 24장 12절과 39장 21절에서 90회 이상 나타난다. 하나님과의 언약 관계에서 '충성스러움', '신실함'을 나타내는 말로 쓰였다. 이처럼 헤쎄드는 변함없는 신실한 하나님의 사랑을 뜻한다.

그리고 '아하브'는 창세기 22장 2절과 44장 20절에서 '부자간의 사랑'이나, 출애굽기 21장 5절에서는 '종과 상전 간의 사랑'이나, 레위기 19장 18절에서 '이웃에 대한 사랑'을 나타날 때 사용되었다. 또한 시편 127편 1절에서 5절까지는 하나님의 계명을 지켜 하나님에 대한 사랑을 나타내는 경우다. 전도서 5장 10절에서 돈이나 부를 사랑하는 경우, 창세기 27장 4절과 27장 9절과 그리고

27장 14절에서 음식을 즐기는 경우까지도 사랑이란 개념에 포함해 널리 사용했다.

신약성경에서 사랑은 그 당시의 그리스에서 사용된 네 가지 말을 기초로 한다. 그 사랑은 부모와 자식 간의 애정을 나타내는 '스트로게' (στρογή) 사랑이다. 젊은 남녀가 연애할 때의 로맨틱한 사랑을 나타내는 '에로스' (ἐρως) 사랑이다. 친구의 우정을 나타내는 '필리아' (φιλία) 사랑이다. 하나님의 사랑을 나타내는 '아가페' (ἀγάπη) 사랑이다. 이러한 네 가지의 사랑은 당시 그리스가 인본주의를 극도로 발전시킨 결과로 본다. 인간의 감정과 내면세계를 더 정밀하게 표현한 문화의 산물이다. 사람들의 사랑은 타산적이고 상대적이다. 그러나 신적인 사랑은 희생적이고 무조건적이다. 성경에 나타나는 두 가지 사랑의 송가가 고린도전서 13장과 요한일서 4장에 기록되었다. 고린도전서는 사랑의 실천을, 요한일서는 사랑의 기원을 밝힌다. 사랑을 실천해야 할 우선순위는 하나님의 사랑과 이웃을 사랑하는 것이다.

상담을 전공한 어느 목사님의 이야기다. 어느 날, 목사님은 아들이 사고를 당해 병원에 있다며 와서 기도해 달라는 교인의 전화를 받았다. 목사님은 병원으로 달려갔지만, 아들은 이내 목숨을 잃었다. 상담 전문가인 목사님은 얼마든지 부모를 심리적으로 위로할 수 있었다. 하지만 그는 아무 말도 하지 않고 부모와 같이 울었다. 5년 후에 아이의 부모가 그 목사님을 찾아와 이렇게 말했다. "우리 아이가 죽었을 때 목사님이 해주신 일을 저희는 두고두고 감사하고 있습니다." 그 목사님은 자신이 아무것도 해준 것이 없다고 했다. 그들은 말했다. "그때 우리는 설득이 필요했던 것이 아니라 사랑이 필요했습니다. 목사님은 옆에서 울어 주심으로 사랑을 보여주셨습니다." 우리는 이웃이 겪는 슬픔의 깊이와 넓이와 높이를 헤아릴 수 있어야 한다. 그것이 진정한 사랑이다.

믿음, 소망, 사랑을 함께 언급한 사도는 바울이다. 그는 고린도교회에 보낸 첫 번째 편지에서 여러 은사를 나열하는 가운데 사랑을 길게 말한다. 그다음에 "그런즉 믿음, 소망, 사랑, 이 세 가지는 항상 있을 것인데 그중의 제일은 사랑이라."고 끝을 맺었다(고린도전서 13:13). 깊이 생각해야 할 것은 사랑이 제일이지만 바울이 믿음과 소망을 사랑에 종속시키지 않았다. 오히려 각각의 미덕을 동등하게 강조했다. 그래서 데살로니가전서 5장 8절에서 바울은 "우리는 낮에 속하였으니 정신을 차리고 믿음과 사랑으로 호심경을 붙이고 구원의 소망의 투구를 쓰자."라고 말한다. 그리스도인에게 믿음과 사랑과 소망 모두가 필요한 것이다. 어느 하나 제외하고서는 그리스도인다운 삶을 살 수 없다.

사랑을
교회 밖에서 실천하라

우연한 기회에 사랑이 찾아오지 않는다. 사랑은 마음만으로 되지 않는다. 사랑에 대하여 현대사회에 대한 통찰을 바탕으로 쓴 책 『사랑의 기술』(The Art of Loving)에서 심리학자 에리히 프롬(Erich Fromm, 190~1980)은 사랑으로 현대인에게 불안과 절망을 안겨다 주는 소외와 분리를 극복할 수 있다고 말했다. 사랑은 기술이다. 지식과 노력으로 실천이 필요한 것이 사랑이다.

중국 위나라에 오기라는 장군이 있었다. 어느 날 장군은 다리에 생긴 종기로 고통스러워하는 병사를 발견했다. 그 병사의 다리에 입을 대고 고름을 빨았다. 그 소식을 들은 그 병사의 어머니가 통곡했다. 의아하게 여긴 사람들이 물었다. "오기 장군께 감사는 못 할망정 왜 대성통곡을 하는 게요?" 병사의 어머니가 대답했다. "작년에 오기 장군님은 제 남편 다리의 고름을 빨아 주셨지요. 감동한 그이는 장군의 은혜에 보답하고자 목숨을 돌보지 않고 싸우다 전사했답니다. 이번에는 아들의 고름을 빨아 주셨다니, 그 애도 언제 죽을지 몰라 우는 것입니다."

오기 장군은 전쟁에서 76번의 싸움에서 64번 승리를 거두는 놀라운 전적을 남겼다. 그런데 이는 그를 위해 목숨도 아끼지 않는 부하들이 있었기에 가능한 일이었다. 이 이야기는 우리가 배워야 할 사랑의 모델이다. 사랑은 계속 배워야 한다. 사랑으로 살아가는 그리스도인은 사랑을 교회 안에서 실천해서는 안 된다. 하나님의 거룩한 사랑은 교회 밖에서 실천해야 한다.

위에서 말한 대로 장군이 자기 부하를 아끼는 것과 비교할 수 없는 하나님은 우리에게 사랑으로 실천하셨다. 어떤 죄인이라도 회개하면, 하나님은 그에게 자비와 은혜를 보이신다. 또 말씀으로 인도하시되 잘못을 일일이 지적하거나 고압적으로 명령하지 않으신다. 하나님이 우리를 어떻게 대해 주셨는지 아는가? 우리는 그분의 귀한 피조물인 다른 사람을 함부로 비난하거나 짓밟을 수 없다. 다른 이의 잘못과 약점까지도 감싸 주는 모습은 하나님의 사랑을 입은 사람의 마땅한 태도다.

그런 사람을 신약성경에서는 제자라 불렀다. 예수님의 열두 제자 가운데 한 사람이었던 사람이 사도 요한이다. 그의 가장 적절한 별명이 사랑의 제자였다. 서양 사람들의 이름 가운데 제일 흔한 이름이 통계로 나왔다. 1위는 요한(John), 2위는 야고보(James), 3위는 베드로(Peter)였다. 요한은 본래 "하나님은 은혜로우시다."라는 뜻이다. 대개 이름을 지어 놓으면 이름과 비슷하게 사는 경향이 있다. 그래서 이름을 잘 지어야 한다. 요한은 자신의 이름처럼 살았다. 평생 스스로 하나님의 은혜를 받은 자로, 하나님의 사랑을 받은 자로 느끼면서 살았다. 그런 요한이 쓴 서신서가 요한일서와 요한이서, 요한삼서다. 특별히 요한일서는 사랑의 메시지로 가득 찰 정도다.

요한은 처음부터 예수님과 교제하고 싶었다. 그분의 관계 속 깊이 들어가고 싶었다. 예수님과 사랑의 교제를 열망했던 제자가 요한이다. 그는 이런 동기로 예수님을 따라가기 시작했다. 예수님을 통해서 무엇을 얻으려고 따라간 것이 아니다. 따라감은 예수님이 좋아서다. 그분을 좀 더 깊이 사랑하며 신뢰하고 싶었다. 사랑에

끌려 예수님을 따라나선 제자가 바로 요한이다. 예수님은 그런 요한에게 이렇게 말씀하셨다(마가복음 9:39-40). "마음을 넓게 가져라. 사람들을 포용할 줄 알아야 한다. 다 품을 줄 알아야 한다."라는 예수님의 이런 교훈을 받았다. 예수님의 말씀대로 그는 점차 많은 사람을 포용할 줄 아는 사랑의 사람으로 변했다.

예수님의 열두 제자 가운데 자연사로 사랑을 외치다 죽은 사람이 요한이다. 그는 A.D. 100년경에 죽었다. 정확하게 몇 년 도에서 몇 살에 죽었는지는 알 수 없다. 분명한 것은 90살에 죽었다. 지금으로 보아도 굉장히 장수했으나 요한에게서 중요한 교훈은 '목숨이 아깝거든 사랑합시다.' 였다. 그는 한평생 사랑하며 살았다. 예수님의 많은 말씀을 전했지만 가장 위대한 말씀, 그가 남긴 유명한 성경 구절은 요한복음 3장 16절과 요한일서 3장 16절이다. "하나님은 사랑이십이라." (요한일서 4:8; 4:16)는 진술은 구원받아 영생을 얻었다면 이제 사랑받은 자로 이웃들에게 가장 합당하게 실천하라는 것이다. 이 하나님의 사랑은 십자가에서 자기 아들을 내어주는 실천으로 드러났다.

여순반란사건 때 두 아들을 잃은 손양원 목사가 그런 사람이다. 그는 자기 아들을 죽인 사람이 국군에게 체포되어 사형당한다는 말을 들었다. 그는 사령관을 찾아가서 사면해 줄 것을 간청했다. 친아들 둘이나 죽어 가슴이 무너졌지만, 자기 아들을 죽인 사람을 양자로 삼았다.

살아가는 모든 일에 윤리가 개입된다. 특히 기독교의 윤리는 삶의 한 특정 부분과 관련된 것이 아니다. 삶의 모든 부분과 관련된다. 기독교의 윤리를 한마디로 정의한다면 사랑으로 요약된다. 예수님은 이것을 조금 길게 하나님 사랑과 이웃 사랑으로 말씀하셨다. 사랑의 실천이라는 그리스도인의 윤리가 여기에 속한다. 그것은 예수 그리스도와 함께 십자가에 못 박히고, 예수 그리스도와 함께 다시 살아나, 이제는 내 뜻대로 살지 않는 것이다. 내 안에 계시는 성령의 진리로 거룩하게 하시는 사역을 따라 사는 것이다. 예수 그리스도를 닮아 하나님을 사랑하고 이웃을 사랑하는 삶을 사는 것이다. 여기에 그리스도인의 윤리가 존재한다. 참 신, 참 하나님을 믿고 그분께만 소망을 두어야 한다. 그분을 사랑할 때, 우리가 가진 돈, 건강, 외모, 학벌, 지식, 재능을 하나님이 주신 선물로 귀하게 사용할 수 있을 것이다.

사랑은
최고의 법이다

사랑은 성경의 요약으로 명령이다. 율법의 완성이 사랑이다. 성경에서 사랑하라는 명령은 단순한 권면 이상이다. 하나님이 성경 전체에서 엄격하게 말씀하시는 법이다. 사랑의 명령은 사람이 선택할 수 있는 것이 아니다. 하나님 나라의 백성들이 실천해야 하는 법이 사랑이다. 바울은 사랑을 '그리스도의 법' 이라고 했다(갈라디아서 6:2). 야고보는 '최고의 법' 을 사랑이라고 했다(야고보서 2:8). 신약성경은 '사랑의 법' 을 얼마나 많이 말하고 있는지 모른다. 예수님을 비롯한 바울과 베드로, 요한과 야고보 등 신약성경의 저자들은 한결같이 사랑을 '최고의 법' 이라 했다. 사랑은 하나님 나라에 속한 백성들이 영원히 지켜야 할 최고의 명령이다.

19세기, 시리아의 수도 다마스쿠스(Damascus)에서 살았던 두 사람의 이야기다. 기독교인 사미르는 앉은뱅이었다. 또 한 사람은 이슬람교인 무하메드로 맹인이었다. 무하메드는 사미르를 업고 다녔다. 사미르는 길을 안내했다. 평생을 서로 사랑하며 붙어 다녔다. 사미르가 죽었을 때 무하메드는 일주일을 울었고 슬픔으로 죽었다. 하나님이 우리를 전적으로 사랑하신다. 이것을 깨달을 때 하나님과의 관계는 놀랍게 발전한다. 기독교의 하나님을 안다는 것은 사랑을 체험하는 것이다. 사랑을 체험하지 못하고 기독교의 하나님을 진정으로 대면할 수 없다. 이 사랑은 받는 것에서 점차 돌려주는 단계로까지 변한다.

변화는 죄와 수치와 연약함 속에서 하나님을 만나는 것이다. 하지만 자기 발전 프로그램으로 돌아서는 안 된다. 완전한 사랑에 인간의 깊은 갈망은 하나님 한 분 외에는 그 어떤 누구에 의해서도 충족될 수 없다. 인간의 사랑이 아무리 고상하다 해도 어느 정도는 자신의 이익을 바라는 마음으로 얼룩진다. 자아도취적 상처는 특히 감지되지 않는 상태라면 무조건적 사랑의 자기희생적 본질을 제한한다. 하지만 사랑이 있는 곳에 하나님이 계신다. 하나님은 사랑이시며 사랑은 하나님께 속한 것이기 때문이다(요한일서 4:7-8).

자선과 사랑이 있는 곳에 하나님이 계신다. 이것이 바로 진실한 사랑이 신뢰와 관계의 깊은 영역으로 우리를 부르는 이유다. 〈탕자의 귀환〉(The Return of the Prodigal Son)의 렘브란트(H. van Rembrandt, 1606~1669) 명화를 묵상한 이가 헨리 나우웬(Henri Nouwen, 1932~1996)이다. 나우웬은 우리를 아버지의 사랑으로 초청한 이유를 아버지와 같이 되게 하기 위해서라고 말했다.

하나님 사랑의 핵심은 우리를 그분의 사랑의 모습으로 재형성하는 것이다. 영적 여정의 목적은 그저 아버지 사랑의 품 안에 받아들여지는 것이 아니다. 아버지를 닮아가는 데 있다. 그래서 예수님은 제자들에게 "너희 아버지의 자비로우심 같이 너희도 자비로운 자가 되라."고 말씀하셨다(누가복음 6:36). 사랑은 명령이라는 사실을 우리에게 상기시킨다. 사랑이 기독교의 시금석이기 때문에 우리는 그분의 사랑에 의해 하나님의 모습을 닮아가야 할 것이다.

사랑을
보이라

인생에서 할 수 있는 최고의 일은 무엇인가? 무엇이 최고의 일인지는 온갖 가능성을 열어놓아야 한다. 하지만 방대한 사례들 가운데 많은 주장과 혼란이 있다. 그런데 놀라운 것은 온 세계와 역사를 아우르는 절대 만장일치는 아니다. 하지만 상당히 인상적인 합의다. 사랑은 우리가 하는 최고의 일이다. 캐나다 리젠트대학(Regent Collage) 영성 신학 교수였던 유진 피터슨(Eugene H. Peterson, 1932~2018)은 우리가 온 힘을 집중하고 모든 능력을 최대한 발휘하여 최고의 모습으로 살면서 창조 목적을 행할 때 하는 일이 바로 사랑이라고 말했다.

우리가 설령 올림픽 금메달을 따서 집에 돌아오거나, 백만 달러를 벌어들이거나, 우주탐사의 개척자가 되거나, 뛰어난 예술 공연으로 세상을 감동시키거나, 암 치료제를 발견한다 해도 사랑하지 않으면 그 일은 만족스러울 수 없다. 아무리 책임감이 강하고 열심히 일하고 자기 일을 통해 존경받아도 사랑하지 않으면 실패다. 사랑하지 않는 삶은 빈껍데기에 불과하다. 우리가 지금 전하는 것이 성경이나 기독교가 말하는 내용이 아니라 문명사의 거의 모든 사람이 말한 내용이라 주목해야 한다. 이것은 인간이 합의한 사랑이 우리가 하는 최고의 일이다. 사랑은 사치나 선택사항이 아니라 참으로 인간답기 위한 필수사항이다.

성경에서 사랑의 메시지는 우리 가운데 계시는 예수 그리스도의 위대한 현존과 그분의 위대한 역사 앞에서 우리의 모습이 어떠한지 보여 주는 최종 점검표다. 당시 에베소의 그리스도인들은 몇 가지 탁월한 점이 있다(요한계시록 2:4-5). 그들은 열심히 일하는 사람들로 쉽게 포기하지 않고, 끝없이 박해당해도 흔들리지 않았다. 그들은 매일 일상에서 수행해야 할 긍휼과 자비의 행위들이 있었다. 위험한 상황에서 매 주일 함께 모여 예배했다. 그들은 하나님의 말씀을 잘 분별했다. 그러나 그들은 처음 사랑을 버렸다(요한계시록 2:4). 그들은 길을 계속해서 가다 보니 사랑하는 일보다 다른 모든 일을 계속하는 것이 좀 더 쉬웠다. 사랑은 다른 모든 일을 하다가 여력이 있을 때 하는 일이 아니다. 두말할 것도 없는 사랑은 바로 우리의 일이다. 사랑은 우리가 일하는 방식이 아니라 우리의 일 그 자체다. 우리가 사랑하지 않으면 창조되고 구원받은 목적을 행하지 않는다. 사랑보다 다른 일이 더 쉬웠기 때문에 에베소의 그리스도인들은 사랑하기에는 너무 게을렀다.

오늘날 상품으로 포장된 사랑은 최대의 산업이 된다. 하지만 그리스도인의 사랑은 주는 사랑, 수용하는 사랑, 희생적이고 구속적인 사랑이다. 약속을 지키는 사랑, 받기 위해서가 아니라 주기 위해 애쓰는 사랑이다. 이 사랑은 사람을 황폐하고 천하게 만들지 않고 채우고 풍요롭게 만든다. 이 사랑은 일상에서 더 나음, 탁월함, 열정, 온전함을 추구하게 한다. 이 사랑은 지금도 하나님이 요구하신다. 우리가 사랑하지 않으면, 하나님은 다른 사람을 찾으신다. 하나님은 에베소의 그리스도인들을 통해 사랑을 점검하신다. "귀 있는 자는 성령이 교회들에게 하시는 말씀을 들을지어다 이기는 그에게는 내가 하나님의 낙원에 있는 생명 나무의 열매를 주어 먹게 하리라."(요한계시록 2:7).

결론적으로, 사랑은 왜 필요한가에 대하여 살펴보았다. 사랑의 반대는 미움이 아니라 무관심이다. 사랑이라는 개념을 정의하고 자리매김하는 것이 인간에게 지속적인 과제다. 인간은 인간에 대해 무관심하나 하나님은 인간에 대해 무관심한 분이 아니시다. 인간에 대한 사랑의 하나님은 세상이 존재하기를 바라신다. 자신이 만드신 것이 방황할 때 구원하기 위해 돌보신다. 하나님의 사랑은 예수 그리스도를 통해 나타내셨다. 하나님이 자기를 내어주시는 사랑이다. 사랑으로 일으켜 세우시고, 의롭게 하시고, 긍정하게 하는 것이 바로 우리 때문이다. 이 무조건적 하나님의 사랑이 사람에게 필요하다.

사랑의 필요에 대해 〈뉴욕타임즈〉에 소개되었던 로저 바르타 감독의 이야기다. 그는 미국 캔자스주 스미스 센터라는 시골 마을에 있는 고등학교의 풋볼팀 감독이었다. 그런데 햄버거 가게 하나 없고, 학생은 150여 명에 불과했다. 그 조그만 시골 학교 풋볼팀이 53연승을 기록하면서 화자가 되었다. 어떻게 이런 일이 가능했을까? 사람을 금처럼 귀하게 여기는 바르타 감독의 사랑의 리더십 때문이었다. 그는 모든 선수를 아들처럼 대했다. 선수들끼리도 동료가 아닌 형제처럼 대하도록 했다. 선수들의 일탈행동에 대해서는 아버지처럼 회초리를 들었다. 선수들은 입단하기 전에 흡연과 음주, 마약을 하지 않겠다는 서약서를 써야 했다. 이를 어길 시에는 가차없이 퇴출했다. 스타플레이어 하나 없는 무명 선수들로 구성된 팀이었다. 하지만 바르타 감독의 사랑의 리더십에 힘입어 탄탄한 팀워크를 이룰 수 있었다. 결국 최강팀으로 거듭나 연승행진을 이어

갔다. 그는 이런 사랑의 방식으로 팀을 운영했다. 30년간 273승 58패를 거뒀다. 사람은 자신을 사랑하는 사람을 신뢰하기 마련이다. 사랑하기 힘든 사람을 사랑하는 것은 내가 하나님과 어떤 관계를 맺고 있는지를 보여 주는 일이기도 하다.

인문학 토크 08

믿음은 왜 필요한가?

지난 2018년 4월, 한국 가수들이 평양을 방문해 공연했다. 한 가수는 아버지가 함경도 출신이라 소개하며 함경도 사투리가 들어간 노래를 불렀다. "아바이 밥 잡쉈소. 아바이 밥 잡쉈소."라는 가사가 나올 때다. 굳은 표정으로 노래를 감상하던 관객들의 입가에 미소가 번지기 시작했다. 고개를 끄덕이고, 박자에 맞춰 손뼉을 치기도 했다. 서로 믿음이 오가는 짧은 시간 노래로 서로 공감하고 소통했다.

성경은 세상을 가리켜 혼돈하고 흑암이 가득하다고 표현한다. 서로의 언어가 달라서 흩어져가는 바벨이라고 한다. 하나님은 이 어둡고 말이 통하지 않는 곳에 내려오셨다. 우리와 함께 살면서 먹고 마시고 웃고 울며 하늘의 노래를 부르셨다. 모두에게 구원의 즐거움을 회복시켜 주셨다. 소통이 사라져가는 때 적어도 그리스도인만큼은 세상을 향해 하늘에 계신 아버지를 노래해야 한다. 기쁨을 잊어버린 사람들의 입가에 미소가 다시 피어나도록 믿음의 삶을 노래해야 한다. 소크라테스는 죽음의 기술을 터득했지만, 예수 그리스도는 죽음을 정복하셨다는 믿음은 왜 필요한지에 대하여 살펴보자.

믿음의
렌즈를 삽입하라

2세기 후반과 3세기 초반, 아프리카 카르타고에서 교부로 활동했던 터툴리안(Tertullianus, 155~240)은 『불합리하기 때문에 나는 믿는다』라는 책을 썼다. 이 책의 제목처럼 "불합리하기 때문에 나는 믿는다"라는 말은 그냥 넘어가기가 쉽지 않다. 말이 되고, 사리에 맞고, 아무리 생각해도 도무지 거부할 수 없다. 거기에 믿을 수밖에 없는 결론에 자연스럽게 도달하는 말이다. 기독교의 믿음은 생각, 추론, 상상하고 판단한다는 과정을 포함한다. 믿음의 강조는 성경 말씀을 제대로 읽고 신앙생활을 제대로 해야 한다. 여기에 하나님이 주시는 이성은 올바르게 사용해야 한다는 것이다.

그렇지 않으면 이성을 마비시키고서는 성경을 제대로 읽을 수 없다. 신앙생활을 올바르게 할 수도 없다. 기독교는 믿음의 종교다. 기독교는 다른 종교와 선명하게 구별된다. 기독교의 믿음과 다른 종교의 믿음은 본질상 전혀 다르다. 다른 종교의 믿음은 구원의 원인이 되는 행위를 이끄는 수단으로 구원 자체와 직접 관련되지 않는다. 하지만 기독교의 믿음은 구원 자체인 동시에 구원의 열매를 산출하는 직접적인 수단이다.

영국 옥스퍼드대학교 재학 시절, 에릭 리들(Eric Liddle, 1902~1945)은 독실한 기독교인이었다. 1924년 파리올림픽 100m의 가장 강력한 금메달 후보가 그다. 영국 국민의 기대를 한 몸에 안고 올림픽에 출전했다. 하지만 주 종목인 100m 경기가 일요일에 열리자 예배를 위해 출전을 거부하고 말았다. 이에 영국 국민과 매스컴은 그에게 편협할 수밖에 없었다. 옹졸한 신앙인이라는 맹비난을 퍼부었다. 그는 주일이 아닌 다른 평일에 자기의 주 종목이 아닌 200m에 출전했다. 동메달을 딴 데 이어, 아무도 그의 우승을 점치지 못했다. 400m 경기에서 또 다시 우승을 차지했다.

이 내용을 담은 영화가 〈불의 전차〉로 스포츠 영화 중 가장 명작으로 꼽힌다. 그때 그는 이런 명언을 남겼다. "나는 달릴 때 하나님의 기쁨을 느낀다!"(When I run, I feel God's pleasure!). 그는 세상 스포츠지만, 달릴 때마다 나와 함께 하시는 하나님의 기쁨을 느낀다고 고백했다. 남달리 그는 믿음으로 예배의 삶을 우선순위에 두었다. 달리면서도 하나님의 기쁨을 느꼈다. 하나님은 믿음으로 그분을 존중하는 사람에게 기쁨과 상급을 보장하신다.

알리스터 맥그래스는 이러한 기독교의 믿음에 대하여 인생의 여정을 걸어가는 동안 우리가 사는 세상과 우리 삶에 초점을 맞추어 새롭고 선명하게 볼 수 있도록 해주는 렌즈와 같다고 말했다. 이것은 심지어 여정 자체를 새롭게 볼 수 있도록 해주어 목적 없는 방황이 아니라 목표를 향하는 과정으로 여정을 생각하게 하는 것이다. 기독교의 믿음은 적어도 부분적으로 그 세계가 얼마나 위안을 주든지 간에 스스로 만든 허상의 세계에 갇히기보다 창의적인 시각으로 변화되어 세상을 있는 그대로 볼 수 있도록 한다.

믿음은 구원의 유일한 조건부다

현대인들은 자신의 지식과 경험을 중시한다. 자신감은 현대인에게 참 하나님을 대신 한다. 이러한 자신감은 스스로 구원하는 믿음을 가지고 있는 잘못된 확신에 불과하다. 참된 믿음을 구하려 하지도 않고 영혼의 상태를 무관심한 채 살아간다. 영혼의 무관심을 웃으면서 지옥을 향해 걸어가는 사람들이 얼마나 많은지 모른다.

신약성경에서 귀신 들린 아들을 고쳐 달라고 예수님에게 찾아온 어느 아버지의 이야기가 있다. 예수님은 아들을 고쳐 달라고 간청하는 그 아버지에게 믿음에 대해 말씀하셨다. 절망적인 상태에 있었던 그때 그 아버지는 큰소리로 "내가 믿습니다. 믿음 없는 나를 도와주십시오."라고 부르짖었다(마가복음 9:24). 그 아버지는 아들을 살리기 위해 믿어야 하는데 믿어지지 않았다. 그래서 믿는다고 말해놓고는 믿게 해달라고 간청했다. 예수님은 그 아버지의 갈등을 이해하셨다. 그런 아버지의 믿음의 반응을 보시고 아들의 병을 고쳐 주셨다. 아들의 병을 고쳐야 한다는 사실 하나만 확신할 뿐이다. 나머지는 어쩔 줄을 모른다. 적어도 예수님은 자신을 통해 믿음을 가지게 할 수 있다고 믿었다. 그런 요청을 한 것이다. 아들의 심각한 병세가 인간의 자신감과 교만을 완전히 꺾어놓았다. 그는 물에 빠진 사람이라 지푸라기라도 잡을 심정으로 예수님께 매달렸다. 이와 비슷한 신앙을 갖은 사람이 의외로 많다. 하나님이 베푸시는 구원의 은혜는 민족적 신분을 갖춘 자들에게 자동 주어지는 것이 아니다. 오직 믿음으로 반응하는 자에게 주어진다. 하나님 나라에 참여하는 구원의 유일한 기준은 민족을 불문하고 동일한 믿음뿐이다.

미국 칼빈신학교(Calvin Theological Seminary) 철학 신학 교수 강영안은 믿음을 예수님의 육신으로 태어나심, 십자가 처형과 죽으심, 육신의 부활이 사람들이 보기에는 부끄럽고 어리석으며 불가능한 일로 보이지만, 그 일을 하나님은 하실 수 있기에 부끄러워하지 않고 믿을 수 있고, 확실하다고 보는 것이라고 말했다. 믿는다는 것은 현실 너머에 있는 보이지 않는 하나님 나라와 궁극적으로는 모든 민족을 주관하시고 구원을 베푸시는 삼위일체 하나님을 바라보기에 있다.

믿음은
사람을 유익하게 한다

오늘날 교회의 선한 일은 사람들에게 아름답고 유익한 일이 된다. 이 의미는 단순히 도덕적 차원만을 포함하지 않는다. 영원한 생명의 약속을 받은 자는 사람을 유익하게 한다. 아름다운 일로 하나님 나라의 아름다움과 선함을 드러내는 자는 부름을 받은 것이다(디도서 3:8). 이 점에서 교회의 소명은, 혹은 믿음의 사람은 도덕적인 실천의 그 이상이다. 믿음의 실천적 삶은 사람들에게 보이지 않는 하나님을 보여 준다. 다가오는 하나님 나라를 맛보여주는 차원이라고 보아야 한다. 교회 밖 사회는 현재 세상이 다가 아니라 다른 세상이 즉 영생이 다가오고 있음을 언제 알 수 있는가? 바로 교회가 그리스도인들이 하나님의 사랑을 실천할 때다.

안팎으로 여러 어려움을 겪고 있는 한국 사회가 한국교회에 던진 화두가 있다. 하나는 교회의 공적 책임, 즉 공공신학이다. 교회가 사회적 책임을 감당해야 한다. 우리 사회가 교회를 통해 유익한 일을 맛보도록 믿음을 심게 되면 지금 보이는 세상이 다가 아니라 또 다른 세상이 이미 왔고 또 다가오고 있다는 교회의 말에 귀를 기울이게 된다. 믿음은 단지 추측하거나 수용에 그치지 않고 온몸과 온 마음을 맡기고 따르는 일이다. 믿음의 대상인 그분이 바로 우리의 하나님이시다. 하나님에 대한 이런 믿음이 유익한 삶의 힘으로 작용한다.

삶이 과정의 반복이면 믿음은 이어달리기와 같다. 계주에 참여한 모든 선수 한 사람, 한 사람이 이어 달리는 과정을 통해 완성된다. 그 과정에서 하나라도 실수하면 결과는 나오지 않는다. 믿음도 이어달리기의 수많은 과정으로 이루어진다. 예배하는 과정, 말씀을 묵상하는 과정, 기도하는 과정, 선교하는 과정을 이어 달리는 것이 믿음 생활이다. 수많은 과정의 반복에 반복으로 믿음은 하나님이 세워두신 완성을 향해 달려간다. 믿음을 통해 그리스도인은 사람에게 유익한 일을 위해 최선을 다해야 할 것이다.

믿음의 길은 곧 샬롬의 길이다

미국의 심리학자 아브라함 매슬로우(Abraham H. Maslow, 1908~1970)는 인간의 본성을 동기부여 이론(Motivation Theory)이라 말했다. 인간의 행동은 만족하지 못한 채 욕구를 채우는 목표로 움직인다. 욕구에 대해 매슬로우의 주장은, 첫째는 생리적인 욕구에서 안전 욕구로, 둘째는 소속과 애정의 욕구로, 셋째는 존경의 욕구로, 마지막으로 넷째는 자기실현의 욕구로 나아간다는 것이다. 인간은 일단 먹고 자고 배설하는 생리적 욕구가 충족되지 않으면 다른 어떤 가치 있는 욕구를 지향하지 못한다. 생리적인 욕구 다음으로 중요한 것은 안전에 대한 욕구이다. 이 욕구는 근본적으로 신체적이고 감정적인 위험으로부터 보호되고 안전해지기를 소원하는 욕구이다.

잠언 1장 33절에서 솔로몬은 무엇보다 안심하며 살아가는 안전의 삶을 구했다. 인간은 기본적 생리적인 욕구와 안전의 욕구가 채워지면 그다음으로 인간은 상위적인 욕구를 지향한다. 성경은 우리의 자아를 존중한다. 우리의 존재가 이웃들에게 수용되고 이웃들과 더불어 누리는 기쁨의 인생을 가르쳐 샬롬이라고 말한다. 이러한 샬롬은 더는 재앙을 두려워하지 않고 비전을 찾아 떠나는 샬롬의 행복이다. 잠언에서 이런 샬롬을 지향하는 지름길은 지혜의 말을 경청하는 것이라고 했다. 우리가 지혜의 말을 들으면 지혜는 우리를 보호하고 안전을 보장한다. 예수 그리스도는 하늘의 지혜로 성육신하신 분이시다. 이 시대에 그리스도인들은 그리스도를 주로 모시고 그분의 말을 따를 때 안전에서 샬롬으로 인도함을 받는 약속의 여행이 될 것이다.

샬롬의 길은 믿음에서 시작된다. 믿음은 곧 기다림이라고 구약성경의 선지자인 하박국이 말했다(하박국 2:1-4). 믿음을 강조한 하박국서의 핵심 구절은 2장 4절로 "보라 그의 마음은 교만하며 그 속에서 정직하지 못하나 의인은 그의 믿음으로 말미암아 살리라."이다. 즉 의인은 믿음으로 산다. 여기서 믿음의 대상인 하나님의 결정적인 행위는 고통스러울 정도로 더디다. 하지만 의인은 그의 뜻이 확실할 때, 의심스러울 때, 언제든지 신실하게 그분의 뜻을 기다린다. 샬롬의 길을 걸어가는 의인에게는 믿음이 요구된다. 우리의 믿음은 하나님을 위하여 행하는 일에 있지 않다. 우리의 믿음은 하나님이 우리를 위하여 행하신 일에 있다. 그것이 샬롬의 길이다. 제자의 길이다. 믿음의 길이다.

합리적인 믿음의 선배들처럼 오늘 사과나무를 심어라

복음서를 읽으면, 믿음의 선배들인 제자들은 나사렛 예수의 정체와 의미를 점점 깊이 이해했다. 그분께 반응하는 것을 통해 그들의 믿음은 깊이나 내용 면에 있어 더욱 성숙해지는 것을 본다. 처음에 베드로와 안드레는 예수 그리스도를 신뢰한다. 시간이 지남에 따라 그들의 신뢰는 예수 그리스도에 관한 믿음에 의해 보완된다. 개인적인 신뢰는 믿음 체계에 의해 더욱 풍성해진다.

예수 그리스도는 퍼즐 맞추기 게임의 중앙에 있고, 나머지 퍼즐들은 그리스도 주변에 맞춰진다. 믿음의 대상인 예수 그리스도가 누구신지, 그분이 왜 그렇게 중요한지 설명할 때마다 제자들은 그분에 관한 자신의 믿음을 표현하는 단어를 찾았다. 무엇보다 그리스도인으로서 부활하신 예수님을 믿음으로 고백하고 살았던 대표적인 믿음의 선배들에 대하여 살펴보자.

마틴 루터

전 세계가 감염병으로 속수무책이 된 일은 100년 만의 일이다.

1918년 스페인 독감 감염병으로 전 세계에 약 5,000만 명에서 1억 명이, 우리나라도 14만 명 넘게 사망했다. 코로나19 감염병으로 얼마나 많은 사망자를 낼지 아무도 예측하지 못했다. 이 또한 지나가리라는 체념 섞인 희망을 표현했으나 코로나19 이후 세계의 변화에 아무도 정확히 예측 못했다. 이런 의미에서 "내일 지구에 종말이 오더라도 나는 오늘 사과나무를 심겠다."라는 말은 우리가 희망을 잃지 않도록 믿음을 상기시킨다.

이 문장은 칼럼니스트나 정치가들, 철학을 전공하는 사람들도 이 말을 인용한다. 그리고 한결같이 네덜란드 철학자 스피노자가 이 말을 했다고 밝힌다. 그런데 독일에서는 이 말이 종교개혁자 마틴 루터의 말로 모두 알고 있다. 루터가 고등학생 시절을 보냈던 아이제나흐 집에 이런 기념비가 세워져 있다. "내일 세상이 무너질 것임을 알았다고 해도 나는 오늘 나의 사과나무를 심을 것이다. -마틴 루터" 독일 사람들은 루터의 말대로 그를 기념하는 행사를 할 때마다 사과나무를 심는 일을 종종 해 왔다.

당시 감염병 상황에서 믿음을 가진 그리스도인들이 어떻게 처신했는지를 루터의 삶에서 비춰볼 필요가 있다. 루터는 당시 모든 그리스도인과 마찬가지로 감염병을 하나님의 심판으로 보았다. 하지만 그는 예수 그리스도를 믿는 사람에게 불안해하거나 염려할 필요가 없다고 충고했다. 그는 과학과 상식을 부정하지 않았다. 약품과 의술은 하나님이 사람들에게 주신 선물로 약을 사용하고 치료를 포기해서는 안 된다고 충고했다. 그는 감염병의 경로를 공기로 생각했다. 그래서 그는 공기를 맑게 하고 주위 환경을 소독하며 환자와 접촉하지 않도록 격리하여 돌보라고 말했다. 심지어 그는 당국과 국가가 병자들을 수용할 수 있는 공공 병원을 직접 운영해야 한다고 강조했다. 이것이 가능하도록 그는 그리스도인들에게 헌금을 하도록 독려했다.

루터는 영적인 임무가 있거나 공직자로 사람들을 맡아 지켜야 한다고 했다. 그 사람은 감염병이 창궐하는 상황이라도 그곳에 머물러야 한다고 보았다. 사람들을 돌볼 인력이 충분하다면 그 밖의 사람들은 죽음을 피해 피신하는 것이 현명함을 루터는 의견을 내놓았다. 그는 사람들을 돌보는 임무를 가진 사람들은 그리스도가 "우리를 위하여 목숨을 버리셨으니 우리가 이로써 사랑을 알고 우리도 형제들을 위하여 목숨을 버리는 것이 마땅하니라."(요한일서 3:16)라는 말씀대로 위험을 무릅쓰고 이웃의 생명을 살려내고 돌보기 위해 끝까지 섬겨야 한다고 말했다.

1527년 비텐베르크에 감염병이 퍼지자 사람들을 모두 예나로 피신시켰다. 루터와 그의 친구 종교개혁의 동역자 요하네스 부겐하겐(Johannes Bugenhagen, 1485~1558), 그리고 대학 교목 두 사람은 비텐베르크에 남아 사람들을 돌보았다. 루터는 아브라함과 이삭과 야곱, 그리고 다윗과 엘리야와 모세를 생명을 보전하기 위하여 피신한 사람들의 예로 들었다. 이웃이 어려움을 당하면 이웃을 당연히 돌보아야 한다고 루터는 말했다. 이 세상 모든 일을 능력의 장중에 붙드시고 선하게 인도하시는 하나님을 굳게 믿어야 한다. 여전히 소망을 품은 가운데 이 땅에서 사랑하며 살아가는 이들은 내일 세상이 무너지더라도 지구에 종말이 오더라도 나는 오늘 나의 사과나무를 심겠다고 말할 수 있다.

아브라함 카이퍼

네덜란드 암스테르담 자유대학교(Vrije Universiteit Amsterdam)의 설립자가 아브라함 카이퍼(Abraham Kuyper, 1837~1920)다. 그는 50년이 넘는 공직 생활로 수상, 목사, 하원과 상원 의원, 교수와 편집인 등을 지냈다. 화려한 이력을 가진 사람이다. 그가 저술한 200권 이상의 책은 각 분야의 베스트셀러로 이름을 올렸다.

딸에게 쓴 그의 편지를 보면 그의 업적이 그냥 나온 것이 아님을 알게 된다. "나의 소명은 높고 나의 과업은 영광스러운 것이다. 내 침대 위에는 십자가상이 걸려 있는데 내가 그것을 쳐다볼 때면 매일 밤 주님이 나에게 이렇게 물으시는 것 같다. 나의 쓴 잔에 버금가는 너의 고통이 무엇이냐? 그분의 섬김은 너무나 높고 영광스러운 것이다." 그가 평생에 걸쳐 좇아간 믿음의 길은 예수님을 따르는 길이었다.

백범 김구

한국인들이 가장 존경하는 인물 중 한 사람이 독립운동가였던 정치가 백범 김구(金九, 1876~1949)다. 동학(東學)에서 불교(佛教), 그리고 기독교(基督教)로 개종했던 그가 쓴 『백범일지』(白凡逸志) 중에 이런 내용이 있다.

"네 소원이 무엇이냐?" 하고 하나님이 내게 물으시면 나는 서슴지 않고 "내 소원은 대한 독립이오." 라고 대답할 것이다. "그다음 소원은 무엇이냐?" 하면 나는 또 "우리나라의 독립이오." 할 것이요. 또 "그다음 소원이 무엇이냐?" 라는 셋째 번 물음에도 나는 더욱 소리를 높여서 "나의 소원은 우리나라 대한의 완전한 자주독립이오." 하고 대답할 것이다.

그는 수많은 어려움과 독립운동 노선 갈등에도 하나 된 민족의 온전한 독립이라는 평생의 생각을 지켜갔다. 국권회복운동, 항일독립운동, 민족 통일운동에 삶을 던지다 김구는 총탄에 쓰러졌다. 이처럼 믿음의 선배들처럼 우리의 궁극적인 목적은 하나님 사랑과 나라 사랑, 그리고 이웃 사랑으로 오직 하나님께 영광 돌리는 것이다.

결론적으로, 믿음은 왜 필요한가에 대하여 살펴보았다. 미국 풀러신학교(Fuller Theological Seminary) 신약학 교수 김세윤은 믿음의 필요에 대하여 하나님 나라의 복음을 선포해 모든 사람으로 하여금 하나님의 주권 아래 들어와서 하나님의 사랑의 이중 계명으로 오는 요구를 철저히 순종하고, 아직은 종말론적인 유보 상황이지만 할 수 있는 한 하나님에 대한 헌신과 이웃에 대한 사랑을 회복하여 의가 확대되고 그래서 샬롬의 상태가 확대되도록 해야 한다고 말했다. 정치, 경제 등 인간의 모든 영역에서 의와 샬롬이 확대되게 하는 것은 믿음이다. 믿음은 그리스도인에게 표지판과 같다. 믿음은 그리스도인의 본질이다.

그리스도인은 대략 믿음이라는 말을 단순히 신념(belief)으로 기독교 교리의 사실로 여기거나 받아들인다. 즉 믿음을 하나의 덕목으로 여긴다. 기독교를 믿으라는 것은 잘 추론해 본 결과 기독교를 믿을 증거의 무게가 충분치 않은데도 무조건 받아들이라는 말이 아니다. 믿음은 그렇게 생기지 않았다.

믿음은 아무리 기분이 바뀌어도 한번 받아들인 것은 끝까지 고수하는 기술이다. 그래서 우리는 믿음의 습관을 들이기 위해 훈련해야 한다. 매일 기도하며 성경과 서적을 읽고 교회에 나가는 일이 그리스도인의 삶에 필수적인 이유다. 우리는 믿는 바를 지속성으로 상기할 필요가 있다. 가만히 내버려 두는데도 정신 속에 살아남을 수 있는 신념은 없다. 신념은 계속 북돋워 주어야 한다. 믿음은 고차원적인 것으로서 하나님과 우리의 관계를 일종의 거래로 보는 생각, 우리 편의 계약 사항을 준수할 수 있으며, 따라서 당연히 하나님께도 하나님 편의 계약 사항 준수를 요구할 권리가 있다는 생각도 깨끗이 버려야 한다. 진정한 기독교를 믿음을 때 처음 생기는 일은 그런 생각이 산산조각이 나는 것이다.

이러한 믿음은 현대를 살아가는 사람들에게 필요하다. 진정한 믿음은 행함이 있는 믿음이다(야고보서 1:1). 진정한 믿음은 유혹을 이긴다(야고보서 1:2-12). 진정한 믿음은 삶의 변화를 가져온다(야고보서 1:13-18). 진정한 믿음은 사람을 차별하지 않는다(야고보서 2:1-13). 진정한 믿음은 행함으로 나타난다(야고보서 2:14-26). 진정한 믿음은 혀를 다스린다(야고보서 3:1-12). 진정한 믿음은 지혜롭게 행한다(야고보서 3:13-18). 진정한 믿음은 싸우지 않는다(야고보서 4:1-10). 진정한 믿음은 하나님의 역할을 대신하지 않는다(야고보서 4:11-17). 진정한 믿음은 올바른 물질관을 소유한다(야고보서 5:1-6). 진정한 믿음은 인내를 낳는다(야고보서 5:7-12). 진정한 믿음은 환경을 다스린다(야고보서 5:13-18). 진정한 믿음은 진리를 붙든다(야고보서 5:19-20). 이처럼 진정한 기독교의 믿음은 먼저 죄를 강조한다. 죄의 문제를 해결함으로써 하나님의 사랑과 진리와 영생을 얻고자 한다. 진정한 믿음은 진정한 자아와 영원한 생명을 발견하게 될 것이다. 진정한 믿음은 예수 그리스도를 만날 뿐만 아니라 그분과 함께 모든 것을 얻게 될 것이다.

인문학 토크 09

기도는 왜 필요한가?

2001년 10월 1일, 미국의 시사주간지 〈타임〉에 '이상한 전쟁'(Asymmetric Warfare)이라는 제목의 칼럼이 실렸다. 이 칼럼은 월드 트레이드 센터(World Trade Center) 붕괴 참사 이후 미국이 좀 더 낮아지고 겸손해야 할 이유가 무엇인지를 적고 있다. 강한 힘과 앞선 기술을 내세우는 하이테크(high-tech)가 힘과 기술에서 뒤진 로우테크(low-tech)를 언제나 이기는 것은 아니라는 점을 지적한 것이다. 가장 겸손한 사람은 다름 아닌 기도하는 사람이다. 항상 신 앞에 낮아질 줄 안다. 신약성경에도 "그런즉 선 줄로 생각하는 자는 넘어질까 조심하라."라고 말씀한다(고린도전서 10:12).

인생을 살면서 기도하지 않는 사람은 없다. 월드컵 경기에서 페널티 킥으로 승부를 결정지을 때 공을 차는 선수나 막는 골키퍼나, 그리고 지켜보는 관중까지 간절히 기도한다. 로또 복권을 산 사람도, 자녀 낳기를 원하는 사람도, 수능시험을 보는 학생이나 지켜보는 학부모도 간절히 기도한다. 자신의 힘으로 감당하기 힘든 일을 맞이할 때, 꼭 갖고 싶은 것이 있을 때, 사랑하는 사람이 잘 되기를 바라는 기도는 왜 필요한지에 대하여 살펴보자.

기도는 하늘과 땅을 연결한다

영국 런던에 던도날드교회(Dundonald Church)의 담임목사이자 교회 개척 운동 단체인 코미션(Co-Mission) 설립자가 리처드 코킨(Richard Coekin)이다. 그는 기도를 간단히 말해 하나님과 대화하는 일이라고 말했다. 하나님은 성경을 통해 우리에게 말씀하시고, 우리는 기도를 통해 그분께 우리의 이야기를 한다. 우리의 기도는 호흡과 같다. 따라서 우리가 기도를 게을리하면 영적으로 시름시름 앓게 된다.

『천로역정』(The Pilgrim's Progress)의 저자로 유명한 존 번연(John Bunyan, 1628~1688)은 신앙 때문에 박해받아 잉글랜드 베드퍼드에 투옥되었다. 그때 소책자 한 권을 저술했다. 1662년에 출판된 『성령과 지각을 겸비한 기도』(Praying with the Spirit and with Understanding Too)의 저서에서 그는 건강한 기도란 우리의 마음과 영혼을 솔직하고 열렬하게 깊은 애정을 담아 쏟되, 성령님의 능력과 도우심을 힘입어 그리스도로 말미암아 하나님 앞에 쏟아 내는 것이라고 말했다. 즉 하나님이 약속하신 일들을 그분의 말씀을 따라 간구하되, 그분의 의지에 믿음으로 순종하며 교회의 유익을 위해 간구하는 기도를 해야 한다는 것이다.

이러한 기도는 삼위일체 하나님의 선택과 속량과 인치심으로 예수 그리스도 안에서 부르심을 받은 은혜를 생각하며 기도한다는 뜻이다. 이 기도는 우리를 돌아보게 만든다. 종교개혁자 칼빈은 성경적 기도를 우리에게 약속된 보화를 캐내는 일이라고 말했다. 때로 하나님은 우리에게 주고자 계획하신 것을 우리가 실제로 기도하며 구하기 전까지는 주지 않기도 하신다. 그것은 그분이 위를 사랑하여 지금도 돌보신다는 사실을 우리가 깨닫기를 원하신다. 그러므로 응답의 지연은 때로 우리에게 행복한 경험이 될 수 있다.

무엇보다 그리스도인에게 필요한 기도는 하늘에 계신 우리 아버지가 응답하시길 기뻐하시는 기도다. 기도는 하늘과 땅을 연결하는 핵심 사건이다. 기도는 하늘과 땅, 초월과 내재, 영원과 시간을 연결하는 사다리다. 기도의 사다리를 통하지 않고 우리는 땅에서 하늘로 내재의 세상에서 영원의 세계로, 시간의 영역에서 초월의 공간으로 들어설 수 없다. 그러니 기도는 최고의 신학이다. 신학은 단순히 하나님에 대한 어떤 정보나 지식을 취득하는 학습행위가 아니다. 하나님과 온전히 연합하여 하나님을 전적으로 받아들이며, 그 하나님께 자신을 전폭적으로 투신함을 뜻한다.

미국의 어느 주일학교 예배 시간에 있었던 일이다. 헌금 시간에 한 어린이가 헌금하지 않고 눈을 감고 있었다. 선생님은 그 어린이를 따로 불러 물었다. "너는 왜 헌금 시간에 눈을 감고 있니?" "헌금할 돈이 없어 대신 그 시간에 기도하는 거예요." "무슨 기도를 하는데?" "제 생명과 일생을 하나님께 바치겠다고요." 감동한 선생님이 10달러짜리를 주며 말했다. "잔돈으로 바꿔 매 주일 1달러씩 헌금하거라." 그런데 몇 주 헌금을 하던 소년이 더 이상 헌금을 하지 않았다. 그래서 선생님이 그 이유를 다시 물었다. "선생님 말씀대로 잔돈으로 바꿔 호주머니에 넣고 다녔는데 사 먹고 싶은 것이 너무나 많았어요. 사 먹으면 죄를 짓는 거라 지난 주일에 몽땅 바치고 이제는 다시 기도하기로 했어요." 이렇게 어려서부터 기도하던 소년이 바로 1885년 4월 5일 부활절 아침에 한국을 찾아온 호러스 언더우드(Horace G. Underwood, 1859~1916) 선교사다.

기도란 우리가 사는 세계와 하나님의 세계가 멀리 떨어져 있지 않다는 신비로운 사실과 관련된다. 기도는 이런 땅과 하늘이 실제로 만나는 핵심 장소 중 하나와 같다. 기도는 의무이자 훈련이다. 기도란 좋든 싫든 적어도 하루에 한 번은 규칙적으로 꾸준히 작심하고 끈덕지게 드려야 한다. 설령 아무것도 얻지 못한다 해도 기도를 멈춰서는 안 된다.

기도는 순종을 유발하고 영육혼을 살찌우게 한다. 마음이 순종을 갈망하는 적절한 생각의 틀을 갖추게 한다. 기도로 하나님과 교통하지 않으면 지식과 진리는 추상적인 것에 머문다. 기도는 그리스도인의 삶에 더없이 중요하기 때문에 기도하지 않을 수 없다. 그리스도인은 기도하라고 초대받았고, 명령도 받았다. 그리스도인을 성장시키는 여느 수단처럼 기도 역시 노력을 요구한다.

예수님의 기도로
심장을 뛰게 하라

유감스럽게 많은 그리스도인은 기도를 제대로 배운 적이 없다. 그냥 무작정 시작하는 기도를 한다. 다급한 상황에서 자신도 모르게 기도하는 사람은 신음처럼 몇 마디 내뱉은 기도가 일평생 교범이 되기도 한다. 교회 목사님이나 장로님들이 예배 시간에 드리는 기도를 따라 배운 사람도 있다. 그래서 기도 시간에 아마 100년 전 우리 조상들이 두루마기를 입고 교회 다니던 시절에 설교자를 위해 기도하며 사용하던 "성령의 두루마기로 입혀주시고"라는 표현을 쓴다. 그 장로님들이 있어 일반 신자들은 이것이 기도문인 줄 알고 그대로 외워서 따라 한다. 이처럼 처음부터 누구에게 기도를 배우느냐의 문제는 기도 생활에 생각보다 더 큰 영향을 미친다.

누가복음 11장 1절에서 제자들은 예수님께 "주여, 요한이 자기 제자들에게 기도를 가르친 것과 같이 우리에게도 가르쳐주옵소서."라고 질문했다. 예수님의 제자들은 기도를 몰랐던 것이 아니다. 제자들은 유대인으로 나면서부터 기도를 배운 민족이었고, '카디쉬'(קדיש)[1] 기도와 '18가지 축복기도'[2] 같은 대표적인 기도문을 알고 있었다. 그런 제자들이 예수님에게 기도를 가르쳐달라고 했

1 카디쉬는 아람어로 '거룩하다.'라는 뜻으로 회당 예배 때 설교 후 마무리할 때 사용된 회중이 함께 드리는 기도였다.

2 18가지 축복기도는 셰모네 에스레, 유대인들이 아침과 점심, 그리고 저녁 세 번에 걸쳐 드린 기도였다.

던 이유는 예수님이 주도하신 하나님 나라 운동을 가장 압축적으로 잘 표현할 기도문이 필요했다. 구체적으로 우리는 주님이 가르쳐 주신 기도문을 통해 기도를 배운다. 주기도문은 가장 위대한 기도의 모범이다. 하지만 예수님의 생애 전체에서 그분이 가르쳐주신 모든 말씀을 통해서 기도를 배운다. 성경은 기도의 교과서다.

기도는 영원 전부터 숨겨진 보화다. 이 놀라운 보화를 제대로 알고 활용하는 그리스도인이 얼마나 될까? 자칫하면 그리스도인이 하나님의 무궁무진한 은사와 보화를 거의 누리지 못하고 참으로 빈약한 삶을 힘겹게 살아간다. 그것은 하나님에 대한 사용설명서를 제대로 활용해본 적이 없기 때문이다. 성경은 하나님에 대한 사용설명서다. 기도는 성경에 하나님이 갖고 계신 모든 지혜와 능력을 실제로 맛보는 것이다. 이것이 우리가 성경을 통해 배우는 이유다.

신약성경의 기도는 단지 기도해야 한다고 말한다. 하지만 기도를 권하는 데 그치지 않고 우리를 기도 속으로 끌어들인다. 기도가 단지 습관이 아닌 우리 삶의 깊은 심장박동이 되도록 도와준다. 기도와 성경 읽기, 성만찬, 가난한 이들을 섬기는 일은 우리를 땅과 하늘에 속한 사람으로 빚어가는 그리스도인의 네 가지 근본으로서 실천신학이다. 이 네 가지는 강물처럼 서로 합류한다. 예수님은 이 길을 먼저 걸어가셨다. 우리도 이 일들을 행할 때 우리와 함께 만나신다고 약속하셨다.

예수님의 기도는 우리가 매일 하나님께 나아가는데 무엇을 말해 주는가다. 첫째, 예수님의 기도는 깊은 의미의 기도다. 예수님의 기도는 부적이나 주술과 함께 쓰이는 마법의 주문 '아브라카다브라' 가 아니다. 예수님의 기도는 우리의 입술뿐만 아니라 우리의 정신을 사용하신다. 그 의미를 생각할 수 있도록 하는 기도다.

둘째, 예수님의 기도는 하나님을 아버지라고 부르는 안에서 펼쳐진다. 예수님 당시 유대인들에게 하나님을 부르는 것은 출애굽에서 하나님이 행하셨던 일, 곧 이집트에서 이스라엘을 건져 내시고 이스라엘은 "내 아들 내 장자" 임을 증명하셨던 일로 다시금 돌아간다는 의미였다(출애굽기 4:22).

셋째, 예수님의 기도는 하나님을 사람이 만들어 낸 우상이 아니다. 그분은 하늘에 거하신다. 그분의 주권적이고 구원하는 통치가 땅에서도 움트기를 고대하시는 하나님이시다. 사실 예수님의 기도는 하나님 나라가 완전하게 나타나기를 구하는 기도다. 따라서 예수님의 기도의 첫 반절은 온통 하나님에 관한 것이다. 모든 기도는 그 초점이 하나님이 아니면 우리 속의 갈망으로 끝나 버리기 쉽다.

넷째, 예수님의 기도는 하나님 자신이 만든 세상과 인간을 사랑하시는 창조자이기에 우리는 필요한 모든 것을 그분께 구할 수 있다. 정말로 하나님의 영광을 위해 기도를 하는 사람이라면 결코 자기의 양식만을 위해 기도하지는 않는다. 우리는 기도가 주는 깨달음으로 기도하고 있다면 그것을 위해 실천도 해야 한다는 것이다.

다섯째, 예수님의 기도는 용서를 위해 기도한다. 예수님은 우리가 드물게 한두 번만이 아니라 정기적으로 용서를 구해야 하리라는 것을 아셨다. 이것은 정신이 번쩍 들게도 하지만 필요할 때면 언제든지 값없이 용서받을 수 있는 사실에 위안이 된다. 예수님의 기도에도 포함될 만큼 중요한 조건은 우리 자신도 다른 이들을 용서해야 한다는 것이다. 우리의 하늘 아버지는 우리가 그분을 아는 지식과 사랑, 섬김이 자라가는 가운데 매일매일 그 틀을 사용하기를 기다리고 기대하신다.

예수님처럼 기도할 때 진정으로 중요한 것은 우리의 열심과 태도, 이전에 우리가 하나님에 대하여 얼마나 바른 지식을 갖고 있었는가다. 그 지식에 근거하여 하나님을 얼마나 신실하게 신뢰하고 있는가다. 우리는 단순히 크고 유창하고 긴 기도가 아니다. 먼저 우리가 기도하는 대상인 하나님께 어떤 분이신지를 정확하게 알고 기도해야 한다. 우리가 기도하는 분은, 또한 우리의 기도를 들으시는 분이시다. 자신의 명예를 소중히 여기실 줄 아는 분이시다. 그 분은 자신이 우리의 기도에 신실하게 응답하지 않으면 자신이 수치를 당할 수 있다는 사실을 누구보다 잘 인지하고 계신다. 기도가 왜 필요한지 우리의 기도에 가장 올바른 방식으로 반응하신다. 우리는 그 신실하신 하나님께 신실한 믿음과 태도로 나가기만 하면 된다. 그다음의 문제가 열심이다.

실제로 루터는 마음에 떠오르는 대로 자유로운 형식으로 기도하기 전, 주기도문의 한 구절 한 구절을 인용하여 기도하기를 권한다. 예를 들어, "우리에게 일용할 양식을 주옵시고" 라고 아뢰고 나서, "나의 가정과 재정, 아내와 아이들을 하나님께 올려드립니다.

제가 모자람 없이 부양하고 가르쳐서 잘 관리하게 해주세요."라고 기도했다. 루터는 주기도문을 이용해 매일매일 새로운 방식과 표현으로 기도했다. 이 얼마나 지혜롭고 시의적절한 기도인가. 한국 교회의 그리스도인들은 예수님의 기도를 따라 삼위일체 하나님과 함께하는 신실한 여정으로 나아가야 할 것이다.

그런 한 사람을 소개하면 바로 차범근 감독이다. 예전에 그가 경기장에서 기도하는 모습이 방영되어 비난받았다. 사람들은 공인이 왜 공개석상에서 자신의 신앙을 드러내느냐며 비난을 쏟아 내었다. 그때 차 감독은 이렇게 고백했다. "그 자리에 나가 있으면 얼마나 힘든지 모릅니다. 밀려오는 엄청난 압박감을 혼자 힘으로는 도저히 감당할 수가 없습니다. 하나님을 향한 믿음이 없었다면 오늘의 나는 없었을 것입니다. 나를 나 되게 한 것은 하나님입니다." 인간에게는 다른 동물에게 없는 기도가 있다. 그것은 하나님은 영이시기 때문이다. 그러므로 인간은 기도로 하나님과 깊은 교제를 할 수 있다.

주기도문으로 기도하라

기도의 가르침에 관해 예수님은 "이 기도를 하라."라고 "이런 말로 기도하라."라고 하지 않고 "너희는 기도할 때 이렇게 하라."

라고 말씀하셨다. 문자적으로 반복하라는 의미이지만 예수님은 우리에게 주기도문을 되풀이하라고 하신 것이 아니다. 예수님은 우리에게 암송할 기도문을 주시고 계신 것이 아니다. 기도하는 방법을 보여 주려고 기도의 본보기를 제시하셨다. 예수님은 주기도문을 통해 우리에게 기도 생활에서 마땅히 우선순위를 두어야 할 부분들을 말씀하셨다.

미국 아주사퍼시픽대학교(Azusa Pacific University)의 영성신학 교수인 리처드 포스터(Richard J. Foster)는 주기도문의 우선순위를 우리는 기도, 즉 진정한 기도 가운데서 하나님을 좇아 그분이 생각하시는 것을 생각하고, 그분이 원하시는 것을 원하고, 그분이 사랑하시는 것을 사랑하기 시작한다고 말했다. 실제로 주기도문의 우선순위는 하나님을 찬양하는 것으로 시작해서 간구로 끝나는 기도의 부드러운 흐름도 제시한다. 그것은 머리글자를 딴 〈A→C→T→S〉로 유용한 기도의 방법이 아닐 수 없다. 효과적인 기도의 핵심 요소는 다음과 같다.

- A(Adoration) — 찬양
- C(Confession) — 죄 고백
- T(Thanksgiving) — 감사
- S(Supplication) — 간구

이처럼 주기도문은 기도의 역동적인 면을 암시한다. 기도는 곧 행동이다. 고요하게 조용하게 기도하더라도 기도는 행동이다. 기도는 에너지를 소모하기 때문이다. 성경에서 의인의 효과적이고 열정적인 기도는 역사하는 힘이 많음을 강조한다(야고보서 5:16). 주기도문은 예수님께서 친히 기도하신 내용이다. 또 제자들에게 가르치신 기도문이다. 그리고 오늘날까지 그 전문이 전해지는 유일한 예수님의 기도문이라는 점이다. 주기도문은 모든 기도의 원형과 모델이다.

그 예로, 아우구스티누스와 루터, 칼빈, 웨슬리는 기도를 가르친 위대한 스승들이다. 자기의 경험을 토대로 기도의 논리를 전개하지 않았다. 그들은 모두 산상수훈의 골간을 이루는 주기도문(마태복음 6:9-13, 누가복음 11장)으로 최고의 본보기로 삼았다. 거기서 무엇을 믿고 훈련하는지를 뽑았다. 루터의 고전적인 편지나 칼빈의 『기독교 강요』는 예수님께서 본보기로 가르쳐 주신 기도를 한 줄 한 줄 연구했다. 분석한 20장 지면이 대부분을 차지했다. 그들은 성경적인 주석과 해석학적인 저작들뿐만 아니라 목회와 신학의 글에 이르기까지 장르를 가리지 않았다. 적어도 한 군데씩은 적잖은 분량을 배정하여 주기도문을 설명했다.

위대한 스승들의 사상을 통해 주기도문은 기도라는 주제에 관해 지혜를 온전히 이끌어주었다. 주님이 가르쳐주신 기도의 깊이를 더해 준다. 인류 역사상 주기도문만큼 자주 인간의 입에서 되풀이한 성경 구절은 없었다. 예수님은 우리에게 풍요로운 기도의 곳간을 여는 열쇠로 주기도문을 주셨다. 그 엄청난 자원이 방치되다시피 하는 지극히 익숙한 주기도문 속에서 예수님은 어떻게 기도해야 하는지 그 속에 모두 들어 있다고 말씀하셨다. 기도의 정석인 주기도문을 통해 우리는 주님과의 규칙적인 친교에 참여해야 할 것이다.

종교개혁자들처럼 기도문을 작성하라

영성 깊은 좋은 기도문을 가지고 매일매일 기도하는 그리스도인들은 내면 깊은 곳에 기도의 내용이 채워질 뿐만 아니라 우리의 품성이 예수 그리스도를 닮아가게 된다. 소개하는 위대한 스승들의 기도문은 우리 기도의 모범으로 삼을 좋은 내용의 기도문들이다.

마틴 루터의 기도문

"주께서는 저의 빈 그릇을 채워주셨습니다. 제 믿음이 약해졌으니 저를 강하게 하소서. 제 사랑이 차가워졌습니다. 저를 따뜻하게 하시며 저의 사랑이 이웃에게 넘치게 하소서. 저는 강하고 굳건한 믿음을 갖지 못하였습니다. 제 믿음을 강하게 하시고 주님을 신뢰하게 하소서. 제가 가진 모든 보물은 주님이 저에게 주신 것입니다. 저는 가난합니다. 부요하신 주님이 가난한 저에게 자비를 베푸셨습니다. 저는 죄인이오나 주는 거룩하십니다. 저는 죄를 많이 지었사오나 주는 의로 충만하십니다. 저는 많은 것을 받았지만 아무것도 드릴 것이 없습니다. 영원히 주와 함께 동행하게 하소서. 아멘."

존 칼빈의 기도문

"오, 자비로우신 하나님! 영원한 빛이요, 어두움 속에서 환히 빛나는 이시여! 당신은 마음의 어두움과 죄의 밤을 몰아내십니다. 밤은 휴식을 위해서 낮은 노동을 위해서 창조하셨습니다. 바라옵기는 우리의 육체가 평화와 고요함 안에서 휴식하고 나서 해야 할 노동을 감내하게 하소서. 우리의 수면을 조절하사 질서 있게 하소서. 그리하여 영혼과 육체가 흠 없이 보존되게 하소서. 그렇습니다. 우리의 수면 자체가 주님의 영광이게 하소서. 이해의 눈을 밝히셔서, 죽음의 잠을 자지 않고 항상 죽음에서 우리를 구원해주소서. 마귀의 공격으로부터 우리를 보호하소서. 거룩한 당신의 보호 안으로 우리를 인도하소서. 오늘도 저는 크게 죄를 지었습니다. 주님의 자비로 우리의 죄를 숨겨주소서. 밤의 어두움으로 지상의 모든 것을 감추듯이 말입니다. 그리하여 주님의 현존으로부터 우리가 쫓겨나지 않게 하소서. 마음과 몸과 재산으로 고통당하는 모든 사람을 치유하시고 위로하소서."

존 웨슬리의 기도문

"오, 주님! 주님께로 향한 우리의 전진이 그 무엇에서도 중단되지 않게 하소서. 이 세상의 위험한 미로에서 이 땅에서의 우리 순례의 모든 과정에서 당신의 거룩하신 명령이 우리 삶의 지도가 되게 하시고 당신의 거룩하신 생명이 우리의 안내자가 되게 하소서."

결론적으로, 기도는 왜 필요한가에 대하여 살펴보았다. 기도하는 행위는 그리스도인에게 실천의 정수다. 거기에는 믿음, 감성, 가치관, 소망, 두려움, 확실성과 불확실성, 지식과 무지 등이 모두 포함되었다. 기도의 필요성은 단지 그리스도인들이 더 분명하게 이해할 수 있도록 도울 뿐 아니라 그리스도인의 삶을 촉진한다. 진정한 기도는 머리와 마음과 손이 함께 간다. 그래서 고린도전서 14장 15절에서 바울은 "내가 영으로 기도하고 또 마음으로 기도하며"라고 내적인 삶의 참된 길을 보여 준다.

『피난처』(The Hiding Place)를 쓴 네덜란드의 유명한 작가가 코리 텐 붐(Corrie Ten Boom, 1892~1983)이다. 나이가 들어 할머니가 되었다. 그때 겪은 일에서 한번은 공산권에 성경을 전달할 일이 생겼다. 그 당시는 기독교를 철저히 박해하던 때라 공항 검색이 무척 까다로웠다. 코리텐 붐은 성경이 가득 든 큰 가방을 가지고 검색 대열 맨 뒤에서 둘째 자리에 섰다. 검색원이 이것저것 물어보고 소지품을 뒤지기도 하며 한 사람, 한 사람 통과시켰다. 자기 차례가 다가오자 그녀는 떨리는 마음으로 하나님께 기도했다. "주님, 저를 도와주옵소서." 그때 기도하는 동안 뒤에 서 있던 사람이 그녀 앞으로 새치기했다. 그녀는 맨 끝에 서게 되었다. 드디어 그녀는 검색대 앞에 섰다. 그런데 검색원이 그녀에게 다가오더니 이렇게 말하는 것이 아닌가? "할머니, 힘드시겠네요. 할머니가 마지막이시니까 제가 들어다 드릴게요." 그녀는 그 순간 하나님께 감사의 기도를 드렸다. 그녀만 아무 검색 없이 무사히 통과한 것이다.

기도는 아멘으로 끝나는 것이 아니다. 아멘 이후에 행동으로 옮겨질 충만한 열망을 가지고 까치발로 서서 밖으로 걸어 나가는 것이다. 기도는 가장 많이 사용되는 동시에 가장 많은 오해를 받고 있다. 사람들은 자신들이 하나님께 무언가를 구하고 있다고 생각한다. 그러나 그렇지 않는 것은 그들이 하나님께 무언가를 제안하고 있는 것이다. 기도는 우리가 원하는 무언가를 이루어달라고 하나님께 요청하는 것이 아니다. 그것은 오히려 그분이 원하시는 것을 행하도록 그분을 도우라는 우리를 향한 하나님의 기도에 가깝다. 기도는 그분의 부르심에 참여하는 것이다.

인문학 토크 10

가정은 왜 필요한가?

한국 사회에서 이혼율은 OECD(경제협력개발기구) 평균보다 높은 것으로 나타났다. OECD가 2019년 발표한 〈한눈에 보는 사회 2019〉에 따르면, 한국의 조이혼율(인구 1,000명당 이혼율)은 2016년 기준 2.1명으로 1990년(1.1명)보다 2배 가까이 높아졌다. OECD 평균(1.9명)도 넘어섰다. 아시아 국가 중 이혼율이 1위다. 세계적으로 높은 이혼율이 말해 주고 있는 한국 사회의 가정은 심각한 위기를 맞고 있다.

미국 다음으로 선교사를 가장 많이 보낸 나라로 알려진 한국 사회의 이혼율이 세계적으로 높은 사실은 한국교회가 간과해서는 안 될 현실이다. 기독교 가정 가운데 이혼 가정과 정서적인 이혼 상태에 있는 가정들의 숫자까지 생각해 보면, "한국교회 내에 건강한 가정들이 과연 몇 퍼센트나 될까?" 라는 문제가 제기된다. 아울러 이혼율의 증가와 미혼 부모의 증가, 심각한 성적 방종, 부모의 자녀 양육 포기 등으로 인해 가정의 필요성은 높아만 지고 있다. 현대인들이 새로운 문화적 가치관을 갖게 되면서 교회도 해야 할 역할이 더욱 많아지는 실정이다. 올바른 가정을 세우는 일은 가족 구성원들의 영적 성장에 전보다 훨씬 더 큰 영향을 미치기 때문이다.

오늘날 가정의 문제는 한국 사회뿐만 아니라 한국교회에도 영향을 끼친다. 건강한 교회와 가정성장은 하나님의 뜻이다. 온전한 성장은 자기 성장과 가정성장, 그리고 교회 성장과 국가성장이다. 특히 가정성장은 건강한 교회 성장에 매우 밀접한 요소로 작용하고 있다. 그만큼 가정이 건강해야 교회가 건강할 수 있다. 성경적 관점에서 결혼을 통하여 맺어진 부부나 부모와 자녀의 관계는 일방 또는 쌍방적인 계약 관계를 넘어서 헌신에 기초한 언약으로 볼 수 있다. 사실 가정사의 입장에서 결혼은 쌍방이 서로의 이해관계에 기초한 결합이 아니라 헌신과 섬김을 통하여 성장하기 위한 관계로 이해되어야 한다. 그러나 현대 가정은 다양한 모습으로 변화하고 있어 성경적 가치관에 의한 가정의 모습을 찾아보기 어렵다. 이처럼 성경적 가치관에서 벗어난 가정의 모습을 성경적 가치관으로 정립되도록 기독교 역할이 중요하다고 할 수 있다. 하나님이 세우신 가정은 왜 필요한지에 대하여 살펴보자.

가정은 이상적인 공동체다

하나님이 친히 가정을 창조하셨다. 기독교는 성경의 가르침을 전통적으로 믿는다. 20세기 최고의 신학자이자 스위스 취리히대학교(University of Zurich)의 조직신학 교수였던 에밀 부르너(Emil Brunner, 1889~1966)는 구약성경을 배경으로 가정을 창조의 한 질서로 보았다. 구약성경에서 가정, 혹은 가족은 히브리어로 '바이트'(בַּיִת)와 '미쉬파하'(משפחה)이다. 바이트는 '집'이나 '가옥'의 의미로 사용되었다(레위기 25:29, 느헤미야 2:8). 한편으로 '가족', '식구', '권속'의 의미로도 사용되었다(민수기 1:2; 16:32; 17:2; 18:31). 반면 '미쉬파하'는 '종족', '족속', '가정'의 의미로 사용되었다(창세기 10:5; 18, 출애굽기 12:21, 레위기 25:45). 이 용어 모두 가정을 이루는 사람을 의미한다. 하지만 '바이트'는 집의 의미로도 사용되었다.

구약성경에서 가장 먼저 가정의 모습이 나타난 곳은 하나님이 아담을 위해 하와를 창조하시고 평생을 결혼 언약으로 그들을 하나가 되게 만드셨다. 여기서 하나님과 남자와 여자라는 삼자 간의 언약이 포함된다. 이처럼 하나님이 지으신 가정은 이 땅에 하나님의 형상을 반영했다. 하나님은 그들에게 생육하고 번성하라고 명령하셨다(창 1:27-28).

즉 가정은 하나님의 창조 질서 안에 있다. 하나님은 그들을 남자와 여자로 창조하셨다. 이어서 하나님은 그들에게 자식을 낳고 번성하여 땅을 채우라고 복을 허락하셨다. 이렇게 이루어진 첫 가정은 하나님의 창조적 극치인 동시에 하나님이 허락하신 복이다. 건강한 가정의 지향은 모두가 역기능 가정에 속한다는 사실과 씨름해야 한다. 모든 인간은 아담의 가정사에 뿌리를 두고 있다. 비록 최초의 가정이 타락했으나 하나님은 그 구속 사역을 포기하지 않으셨다. 하나님은 가정을 통하여 지속하셨다.

신약성경에서 여성 명사인 '오이키아' (οικια)는 구조물로서 '집' 의 의미(마태복음 2:11, 사도행전 10:6)다. 함께 한 집 안에 있는 구성원으로 '식솔', '가족', '가정' 의 의미로도 사용되었다. 그리고 남성 명사인 '오이코스' (οικος)는 역시 거주를 위한 구조물인 '집', 혹은 '가정' 이라는 의미다. 함께 사람이 거주하는 '가족' 과 '식구', '집' 의 의미로 사용되었다. '오이키아' (οικια)와 '오이코스' (οικος)는 신약성경에서 상호교차적으로 사용된 예가 많다. 가정에 대한 수많은 명령은 신약성경에서 찾을 수 있다.

초대교회가 수많은 핍박과 박해를 이겨냈다. 로마제국 전 지역에 선교가 성공적이었던 이유는 로마제국 시대 3백 년간의 평화시기와 도로 발달, 그리스어 통용, 박해, 순교 때문이라는 견해가 우세했다. 이러한 일반적 요인이 초대교회를 확장 시키는 데 일등공신이라고 주장한 학자들이 있다. 허버트 케인(J. Herbert Kane)과 후스토 곤잘레스(Justo L. Gonzales) 등이 있다. 최근 새로운 주장은 소위 가정이 그 요인이라고 주장했다. 대표적인 학자로는 로저 게링(Roger W. Gehring)과 브래들리 블루(Bradley B. Blue), 빈센트 브라닉(Vincent Branick), 델 버키(Del Birkey)와 같은 인물들이다. 이들의 공통점은 종전의 일반적 요인도 초대교회의 선교에 큰 공헌을 했지만 이와 함께 가정이 오히려 더 큰 영향력을 끼쳤다고 주장했다.

당시 초대교회 그리스도인들은 주로 가정에서 모임을 이루었다. 사도행전 12장 12절은 마가 요한의 어머니 집에서, 사도행전 16장 15절에서는 루디아의 집에서, 로마서 16장 5절에서는 아굴라와 브리스가의 집에서, 고린도전서 1장 16절에서는 스데바나의 집이다. 그리고 골로새서 4장 15절에서는 '집에 있는 교회' 라는 표현이 나온다. 당시 가정은 교회로서 초대교회의 선교 중심이 되었다. 로마제국 전 지역에 하나님 나라를 확장 시키는 데 큰 공헌을 했다.

그래서 가정은 공동체라는 말을 많이 한다. 가정은 모든 공동체의 가장 이상적인 모습을 반영한다. 교회에서도 가정은 공동체의 이상으로 간주 되었다. 서로를 형제자매로 부르는 것은 그런 전제를 드러내는 대표적인 사례다. 그러나 현대사회에서 가정은 상당한 부분이 붕괴했다. 가정과 같은 공동체라는 말이 이제는 무색할 지경이다. 가정 구성원끼리도 서로 짐이 되지 말라고 강요하기에 이르렀다.

무엇보다 하나님이 이 땅에 가정을 허락하신 이유는 생육하고 번성하는 데 있다. 생육하고 번성하라는 창세기 1장에서 하나님이 천지창조 이후 남자와 여자에게 주신 명령이다. 창세기 9장에서 새 세상을 여시면서 노아와 그 아들들에게 주신 명령이다(창세기 9:1). 이후에 이스라엘 백성들에게 주신 명령이기도 하다(창세기 28:3,

출애굽기 1:7). 인간의 가정, 특히 아브라함과 사라의 가정을 통해, 하나님은 인간에게 한 아이를 주셨고, 그를 통해 만물을 회복시켰다. 그리고 예수 그리스도, 그분의 십자가의 피로 말미암아 화평을 이뤘다(골로새서 1:20).

가정은 희망의 공장이다

인간의 희망은 행복한 가정을 세우는 일이다. 이른 아침부터 저녁까지 직장에서 땀 흘리는 수고의 가장 큰 이유는 가정의 행복을 위해서다. 가정은 행복이 출발하는 발전소다. 행복을 결산하는 장소이기도 하다. 심지어 성경은 천국을 가리켜 우리의 영원한 집이라고 말한다. 가정은 이 땅에서 천국이다. 그런 가정이 흔들리고 있어 여러 방안이 제시되고 있다. 사회학적인 것과 심리학적인 것, 그리고 성경적인 방안이다. 현대 가정의 모든 비극의 출발점은 가정에서 하나님을 멀리하는 것이다. 우리는 다시 하나님이 가정의 설계자이심을 고백해야 한다. 하나님이 가정을 설계하시고 만드셨다(시편 127:1). 가정에서 우리는 하나님의 뜻에 따라 부부생활을 하고, 자녀 양육하는 것을 배워야 한다.

대표적인 이슬람 국가인 인도네시아에서 교육 선교를 위해 인재를 양성하는 자카르타국제대학교(Jakarta International University)를 설립한 이용규 선교사는 가정이 변화되면, 그 관계는 깊어지고 아름답게 다듬어지는 과정에서 좋은 에너지가 흘러나와 전체 삶에 긍정적인 영향을 끼친다고 말했다. 그리고 네덜란드의 작가 코리 텐 붐(Corrie Ten Boom)을 빚어낸 것은 '아빠' 에 대한 좋은 추억들이 있었다. 밤마다 그녀가 잠자리에 들 때면 아버지가 머리에 손을 얹고 기도해주었다. 그 함께했던 시간은 늘 "코리야, 사랑한다." 는 말로 끝났다. 그녀는 라벤스브루크 나치 수용소의 참혹함이 그 추억을 지우지 못했다고 말했다. 온종일 고통과 죽음을 보고 나면 밤에 눈을 감기가 힘들 정도였다. 그러나 그녀는 하늘 아버지께서 자기의 머리에 손을 얹으시고 "코리야, 사랑한다." 라고 말씀하시는 모습을 상상하며 평안을 얻었다. 가정에 대한 추억은 우리 생각의 다락방이나 지하실에 저장된 이미지들 그 이상이다.

가정은 인간이 첫 뿌리를 내리는 곳이자 가장 오래 남는 인상이 형성되는 곳이다. 성격의 벽돌을 함께 쌓는 곳이 삶의 편견의 눈으로 볼 것인지 수용의 눈으로 볼 것인지 결정하는 곳이 바로 가정이다. 가정은 우리가 웃음을 배우는 곳이다. 얼마든지 울어도 여전히 존중받는 곳이다. 가정은 함께 나누는 법, 관계를 맺는 법, 다른 사람들을 대하는 법을 배우는 곳이다. 가정은 주변 환경을 바르게 해석하는 법을 배우는 곳이기도 하다. 실제로 가정은 옳고 그름, 선과 악 사이에 선을 긋는 법을 배우는 곳이다. 그런데 역기능 가정은 그 선이 흐려지게 한다. 그래서 경계선들이 모호해진다. 견고하고 안정된 가정은 양쪽의 차이를 똑똑히 보기 때문에 가족들에게 윤리적 혼란이 거의 없다. 물론 도덕적인 딜레마들이 닥쳐오겠지만 건강한 가정에서 자란 사람들은 무엇이 옳고 무엇이 그른지 모호한 경우가 극히 드물다.

희망의 공장이라고 할 수 있는 가정은 가장 중요한 특징들이 있다. 첫째, 가정은 서로에게 헌신 되어 있다. 가정이란 구성원들이 한결같은 충성스러움으로 서로를 지지하며 살기로 헌신한 단위다. 둘째, 가정은 시간을 함께 보낸다. 건강한 가정은 시간의 양이 충분하지 않고는 함께하는 시간에 질이 있을 수 없음을 믿는다. 셋째, 가정은 개방적인 의사소통을 자주 즐긴다. 어떤 질문도 엉뚱하거나 부적절하지 않고, 어떤 의견도 무시되지 않으며, 어떤 주제도 터부시되지 않는다. 그래서 삶을 결정짓는 중요한 주제들이 일상적인 주제들 속에 아주 자연스럽게 섞여든다. 넷째, 가정은 위기를 당할수록 더 뭉친다. 건강한 가정은 어려움을 함께 헤쳐 나간다. 그래서 위기를 당하면 그들은 더 가까워진다. 바깥의 무엇으로 시선을 돌리지 않고 가정 내에서 힘과 희망을 찾기 때문이다. 다섯째, 가정은 인정과 격려를 자주 표현한다. "잘했어!" "너한테는 그런 재능이 있어!" "당신의 그런 모습에 감탄이 절로 나요!" "당신은 내게 소중한 사람이오!" 사실은 인정과 격려는 다른 것이다. 인정은 사람의 존재에 대한 것이라면, 격려는 사람의 행위에 대한 것이다. 둘 다 중요하다. 그것을 발견하는 순간 개인이 든든한 안정감이 생긴다. 인간은 태어날 때부터 자아의식이 확립된 것이 아니다. 우리는 중요한 타인들의 영향을 통해서 자신을 발견한다. 그리고 아무리 나이가 들었어도 더 발견할 것이 있다. 여섯째, 가정은 영적인 헌신을 공유한다. 가정이 중요하나 가장이 중요한 것은 아니다. 가정은 하나님과의 관계를 공유함으로 결속되고 연합된다. 그 관계를 가꾸는 법을 상호 격려를 통해서 배운다. 일곱째, 가정은 서로 신뢰하며 각자 자신이 구축한 신뢰를 바탕으로 소중히 여긴다. 이 신뢰가 쌓이는 기초는 진실에 대한 헌신과 상호존중이다. 여덟째, 가정은 자유와 은혜를 누린다. 새로운 것을 시도할 자유, 생각을 다르게 해볼 자유, 실패할 자유, 완전히 틀릴 수 있는 자유, 거부당하거나 정죄당할 두려움 없이 결정과 약점을 지닐 자유가 모두에게 있다. 은혜에 기초한 환경에서는 실패를 넓은 관점에서 보기 때문에, 가정은 회복하고 성장하며 성취할 자신감을 준다. 이처럼 가정은 희망의 공장으로 친구처럼 위안을 얻을 수 있는 푸근하고 따뜻한 곳이 될 수 있다.

가정의 교사는 부부다

아들만 바라보고 살아온 시어머니가 있었다. 착한 아들은 장가를 가서도 시골에 계신 부모님을 자주 찾아뵈며 열심히 효도했다. 그러다 회사 지원으로 미국에서 공부할 기회를 얻었다. 공부를 더 하고 싶던 아들로서는 정말 놓치고 싶지 않은 기회였다. 그동안 알게 모르게 시어머니의 감시 속에서 살던 며느리에게도 기쁜 소식이었다. 문제는 시어머니였다. 미국으로 떠나기 전, 시어머니는 아들 집으로 올라와서는 이제 아들을 보고 싶어서 어쩌냐며 땅을 치며 울었다. 며느리가 민망할 정도였다. 그러더니 급기야 미국에 따라가겠다고 나섰다. 아들은 어떻게 해야 할지 모르겠지만 우여곡절 끝에 아들과 어머니는 다행히 곱게 이별했다.

시어머니가 아들 내외를 따라가느냐 아니냐는 중요하지 않다. 문제는 지리적인 거리가 아니라 심리적인 거리다. 아들은 결혼한 지 5~6년이 지난 시점에서야 떠남의 첫발을 내딛었다. 어떤 이유든 이 집의 시어머니는 아들을 남편 삼아 살았다. 별문제 없어 보이는 아들도 실은 어머니에 대한 과도한 책임감에 시달렸다. 아들 부부가 연합하기 힘들었던 것은 자명한 일이다. 하나 되지 못한 부모님으로 인해 받은 상처는 고스란히 내가 꾸린 가정에 투영되었다.

가정은 부부의 연합이 우선이다. 연합된 부부가 견고하면 자녀는 저절로 안전감 있게 성장한다. 앞에서 말한 시어머니처럼 부모가 연합하지 못하면 훗날 자녀를 건강하게 떠나보낼 수 없다. 그것은 또다시 자녀 부부가 연합하지 못하게 만든다. 왜곡된 모성은 자녀에게 부정적인 아버지상을 심어 줄 가능성이 크다. 아버지상은 자녀에게 굉장히 중요하다. 먼저 자녀는 육신의 아버지를 통해 하나님 아버지에 대한 기본 상을 갖는다. 또한 아버지를 통해 사회성을 배운다. 아버지상이 부정적이면 하나님을 가까이 느끼기가 어렵다. 뿐만 아니라 사회성을 잃어버리기 쉽다.

서로 필요하여 하나 된 부모 밑에서 자녀는 안정감과 소속감을 느낀다. 아빠가 엄마를 아끼고 존중하는 태도를 보일 때, 딸은 스스로 사랑받고 존중받는 여성상을 형성한다. 엄마가 아빠를 세워주고 존경할 때 자녀는 존경받는 남성상을 형성한다. 서로 사랑하며 연합하는 부모를 보고 자란 자녀들은 행복한 결혼과 가정생활에 대한 기대가 있다. 건강한 가정은 자녀가 아니라 부부가 중심인 가정이다. 이럴 때 자녀들은 건강한 자아상을 형성할 가능성이 매우 크다. 부부의 결속은 무엇보다 가정의 핵인 것이다.

어느 날, 알버트 슈바이처(Albert Schweitzer, 1875~1965) 박사가 다음과 같은 질문을 받았다. "박사님, 어떻게 해야 아이들을 바르게 교육할 수 있습니까?" 슈바이처 박사는 다음과 같이 대답했다. "아이들을 잘 가르치는 세 가지 방법이 있습니다. 첫째는 모범을 보이는 것이고, 둘째는 모범을 보이는 것이며, 셋째도 역시 모범을 보이는 것입니다." 자녀는 부부의 가르침과 모범을 통해 하나님의 자녀와 사람을 대하는 도리를 배운다. 하나님이 가정이라는 시스템을 통해서 이 땅에 하나님의 백성들을 번성하게 하셨다. 그 속에서 온전한 한 인간은 참모습이 무엇인지 보는 것이다. 가정의 부부는 하나님이 본래 의도하셨던 아름다운 가정을 위해 희망의 기도를 드려야 한다. 그리고 하나님의 사랑으로 부부는 자녀들을 사랑해야 할 것이다.

결론적으로, 가정은 왜 필요한가에 대하여 살펴보았다. 미국 휘튼대학(Wheaten College)을 수석 졸업하고 교수직을 얻은 짐 엘리어트(Jim Elliot)가 있다. 1955년 9월에 좋은 직업을 포기하고 흉악하고 무섭기로 소문난 에콰도르의 아우카 부족에게 복음을 전하러 떠났다. 몇 달이 지나자 엘리어트 선교사로부터 소식이 끊어졌다. 본토에 있는 선교단체는 그를 찾기 위해 수색대를 조직했다. 결국 수색대가 찾아낸 것은 참혹하게 찢겨 죽어 있는 그의 시체와 유품들이었다. 이 일은 근대 선교사에 가장 슬픈 사건으로 기록되었다.

그 일이 있고 나서 1년 후, 엘리어트의 부인 엘리자베스 엘리어트가 간호사 훈련을 받은 후 아우카 부족에게로 선교하러 떠났다. 그녀는 남편이 이루지 못한 희망을 품고 죽음이 있는 그곳으로 뛰어들었다. 부인의 희생과 헌신으로 아우카 부족에게 조금씩 복음의 빛이 들어가기 시작했다. 이제 엘리어트 부인이 안식년이 되어 고국으로 돌아갈 때가 되었다. 그러자 추장이 온 부족들을 모아 놓고 파티를 열어주면서 물었다. “늘 항상 앞장서서 우리와 고통을 함께 하는 당신은 도대체 누구입니까?” 그러자 그 부인은 이렇게 대답했다. “사실은 5년 전에 당신들이 죽인 그 사람이 내 남편입니다. 그리고 나와 내 남편이 섬기는 하나님의 사랑 때문에 이곳에 와서 살게 된 것입니다.” 그 이야기를 들은 아우카 부족은 모두 자신들의 잘못을 회개하고 예수 그리스도를 구세주로 영접했다. 한 영혼에 대한 부부의 사랑은 믿지 않는 가정들을 향해 있었다.

하나님은 인간을 하나님의 형상대로 창조하셨다. 또한 아담이

독처하는 것이 좋지 않아 하와에게 돕는 배필을 지으심으로 인간에게 결혼제도를 제정하시고 가정을 이루게 하셨다. 성경은 그리스도와 교회의 관계를 부부간의 관계로 설명한다. 부부는 그리스도와 교회의 관계처럼 피차 사랑으로 복종해야 함을 가르치신 것이다. 가정의 부부는 하나님이 선물로 주신 자녀를 주님 뜻대로 양육해야 한다. 더 나아가 하나님이 지으신 창조물을 돌보는 문화 사역의 임무를 부여받았다.

가정은 매우 중요하다. 우리로부터 시선을 돌려 우주의 의미를 바라보게 하는 이정표다. 하나님은 믿음을 키우는 장소의 필요로 가정을 택하셨다. 가정은 하나님의 계획으로 각 세대가 그들의 믿음을 다음 세대에 전하는 아름다운 곳이다. 하나님은 믿음이 반복해서 나타나기를 가장 좋은 기반 구축이, 그곳이 바로 가정이다. 본보기의 환경인 가정에서 부모는 자녀의 삶에 깊은 영향을 미칠 수 있다. 하지만 그 시간이 매우 짧음을 알아야 한다. 어떤 일로 실패했더라도 정직과 겸손함은 가정을 훌륭한 모델로 만들어 준다. 그것이 또한 부모의 역할이기도 하다.

그러므로 좋은 부모가 되지 못하게 방해하는 죄의 문제와 맹점들을 보여 달라고 하나님께 기도해 보자. 매일매일 하나님의 도움을 구해보자. 영적인 부모로서 행하는 가장 중요한 일들 가운데 하나는 끝까지 인내하자. 부모는 자녀들을 맡겨 주신 하나님께 감사하며 평생 자녀들과 함께 영적인 여행을 계속해야 할 것이다. "그리스도를 경외함으로 피차 복종하라." (에베소서 5:21).

에필로그

"우리에게는 인문학이 필요한 순간이다."

20대부터 50대까지 쉬지 않고 달려온 사역은 30년이 훌쩍 넘었다. 그 가운데 수지에 온 지는 벌써 9년째를 맞이했다. 수지더사랑교회는 패밀리 처치 3년, 그리고 수지구청역 근처 헤븐커피(Heaven Coffee)에서 6년 동안을 카페라는 공간에서 예배하였다.

저자는 목사이지만 때로 대학 강사로 일하며, 아울러 많은 시간을 카페에서 보내는 카페지기가 추가되었다. 한 공간에 머물러 있는 나에게 카페는 어느덧 친구와도 같은 따뜻한 곳이다. 코로나 기간, 이 공간에서 집을 오가며 카페지기로 일 년 동안 글쓰기를 통해 이번에 책을 출간하게 되었다. 17번째 출간하는 책이 처음처럼 가슴 벅차다.

이 책을 마무리하면서 생각하는 건 누구나 좋은 사람이, 좋은 리더가 되고 싶어 한다. 한국교회 그리스도인들은 자신이 좋은 사람, 좋은 리더라고 생각한다. 좋은 사람, 좋은 리더란 어떤 리더일까? 교회를 다니고 기도하고 말씀 듣고 살아가는 그리스도인이 좋은 리더일까? 그리스도인은 교회 안에서 살아가는 존재가 아닌 교회 밖에서도 살아가는 존재라는 사실이다. 이것을 잊을 때가 참으로 많다.

교회 안에서 살아가는 그리스도인의 모습을 평가하는 한국교회는 이제 교회 밖에서 어떻게 살아가야 하는지를 인문학 토크 10가지의 필요성을 담아 보아야 한다. 그것을 잘 모를 수 있어, 스쳐 지날 때가 있어 이 책에서 저자는 그리스도인의 마음에 인문학이 필요함을 강조해 보았다.

인문학 속에서 여러분의 철학을 찾아라. 그러면 달라진 좋은 리더가 될 것이다. 좋은 그리스도인 되어 있을 것이다. 인문학의 눈으로 자신을 바라볼 그리스도인들은 믿음으로 살아가는 인생의 중요한 이야기들을 찬찬히 읽어 보기를 바란다.

참고문헌

강정훈. 『내게 왜 이러세요?』. 서울: 두란노, 2021.

강신주 외 14인. 『인문학 명강 동양고전』. 서울: 21세기북스, 2013.

강신주 외 6인. 『나는 누구인가』. 서울: 21세기북스, 2014.

강신주 외 14인. 『인문학 명강 동양고전』. 서울: 21세기북스, 2013.

강영안. 『믿는다는 것』. 서울: 복있는사람, 2018.

강영안. 『철학자의 신학 수업』. 서울: 복있는사람, 2021.

국민일보 2021년 10월 15일.

권진관. 『신학이란 무엇인가?』. 서울: 도서출판 동연, 2017.

김관성. https://www.facebook.com/oyaventure.

김기현. 『하박국, 고통을 노래하다』. 서울: 복있는사람, 2008.

김난도 외 9인. 『트렌드 코리아 2022』. 서울: 미래의창, 2021.

김남준. 『가정, 또 하나의 천국』. 서울: 생명의말씀사, 2006.

김남준. 『개념 없음』. 서울: 생명의말씀사, 2011.

김도인. 『감사인생』. 용인: 도서출판 목양, 2020.

김도인. 『설교는 인문학이다』. 서울: 두란노, 2020.

김도인 외 5인. 『출근길, 그 말씀』. 서울: CLC, 2019.

김도인. 『설교자, 왜 人文學을 공부해야 하는가?』. 서울: 글과길, 2021.

김봉수. 『그리스도인에게 역사란 무엇인가?』. 서울: 도서출판 그리심, 2019.

김상근. 『인문학을 창조하라』. 서울: 멘토프레스, 2013.

김상봉. 『호모 에티쿠스 윤리적 인간의 탄생』. 파주: 한길사, 1999.

김선유. "스티브 잡스와 인문학". https://brunch.co.kr/@seonyu10/3.

김세윤 외 5인. 『탐욕의 복음을 버려라』. 김형원 역. 서울: 새물결플러스, 2012.

김수정. "[special]이혼, 풀어야 할 '쩐의 공식' 있다". 「매거진 한경」. (2021.3.).

김요한. 『살다 보니 별일이』. 서울: 새물결플러스, 2021.
김요한. 『지렁이의 기도』. 서울: 새물결플러스, 2017.
김용규. 『그리스도인은 왜 인문학을 공부해야 하는가?』. 서울: IVP, 2019.
김용규. 『신』. 서울: IVP, 2018.
김재호. 『부흥의 우물』. 서울: 아르카, 2018.
김준수. 『그래도 감사합니다』. 서울: 북센, 2020.
김진혁. 『질문하는 신학』. 서울: 복있는사람, 2019.
김춘해. 『한국교회 예배와 예배음악의 개혁』. 서울: 도서출판 동연, 2017.
김태형. "현대 가정의 다양한 유형 및 이에 대한 선교적 관점". 「신학과 실천」 53 (2017).
김학관. 『성경의 눈으로 읽는 중국사』. 서울: 예영, 2008.
김학천. 『길 위에서 만난 독립운동가』. 구리: 선율, 2021.
김한원. 『올댓보카 신약헬라어』. 서울: 감은사, 2020.
김현기. 『선택과 집중의 기술』. 서울: 한스미디어, 2007.
김형묵. 『인문통찰』. 서울: 메디치, 2017.
김형석. 『그리스도인에게 왜 인문학이 필요한가?』. 서울: 두란노, 2020.
김형석. 『교회 밖 하나님 나라』. 서울: 두란노, 2019.
김형석. 『왜 우리에게 기독교가 필요한가』. 서울: 두란노, 2018.
김효남. 『믿음을 말하다』. 서울: 세움북스, 2020.
모리모토 안리. 『반지성주의』. 강혜정 역. 서울: 세종서적, 2016.
민장배. 『예배 이론과 사역의 실제』. 안양: 세화출판사, 2012.
박순용. 『예배의 진수』. 서울: 아가페북스, 2017.
박정근. 『삶으로 드러나는 믿음』. 서울: 도서출판 디모데, 2015.
백성훈. 『시편의 소망』. 서울: CLC, 2020.
부산대학교 영상IT 다큐멘터리 과정. "윤인구 초대 총장 영상제작팀". 인터뷰 내용 참조.
서울대학교 행복연구센터. 『행복』. 파주: 김영사, 2015.
설은주. 『영성의 숲, 기도의 오솔길을 걷다』. 광명: 샬롬가정교육문화원, 2014.

성기호.『교리, 설교로 말하다』. 용인: 도서출판 코디엠, 2021.
성기호.『이야기 신학』. 서울: 국민일보사, 1997.
신호섭.『교회다운 교회』. 군포: 도서출판 다함, 2021.
손봉호 · 김민철.『문서 선교사 웨슬리 웬트워스』. 서울: IVP, 2015.
손봉호.『나는 누구인가』. 서울: 샘터, 2018.
손봉호.『주변으로 밀려난 기독교』. 서울: CUP, 2018.
신경직.『꼭 필요한 기도 예화』. 서울: 국민일보 제네시스21, 2010.
신태영.『행복한 경영이야기』. 서울: 미디어숲, 2012.
안재경.『직분자반』. 서울: 세움북스, 2020.
안희열. "초대교회의 가정교회가 헬라권 선교에 끼친 영향". 「복음과 실천」 50 (2012).
엄예선.『한국 교회와 가정사역』. 서울: 생명의말씀사, 2007.
위키백과. "역사학". https://ko.wikipedia.org/wiki/%EC%97%AD%EC%82%AC%ED%95%99.
위키백과. "인문학". https://ko.wikipedia.org/wiki/%EC%9D%B8%EB%AC%B8%ED%95%99.
위키백과. "행복". https://ko.wikipedia.org/wiki/%ED%96%89%EB%B3%B5.
이동영.『신학 레시피』. 서울: 새물결플러스, 2020.
이동원.『묵상의 샘』. 성남: 압바암마, 2014.
이미영. "기독교 인문학에 입문하기 ① 기독교 인문학, 하나님께 배우는 '사람' 공부". https://www.kidok.com/news/articleView.html?idxno=97934.
이성찬. "신약성서에 나타난 가정".「성서마당」 80 (2006).
이상욱.『기독교 세계관 렌즈로 인문학 읽기』. 서울: 예영커뮤니케이션, 2017.
이상웅.『신학자의 서재』. 인천: 홍림, 2021.
이수환.『21세기 선교와 종교현상학』. 파주: 한국학술정보, 2011.
이의용.『내 인생을 바꾸는 감사일기』. 서울: 아름다운동행, 2013.
이정용.『미지널리티』. 신재식 역. 서울: 포이에마, 2014.

이진희. 『나를 살리는 감사의 기적』. 서울: 돌아온탕자, 2019.
임승민. 『사랑을 말하다』. 서울: 세움북스, 2020.
임정환. 『행복으로 보는 서양철학』. 서울: 도서출판 씨아이알, 2018.
이용규. 『가정, 내어드림』. 서울: 규장, 2017.
이홍주. 『꺾쇠 사랑』. 고양: 도서출판 참좋은책, 2012.
옥한흠. 『빈마음 가득한 행복』. 서울: 국제제자훈련원, 2010.
윤동주. 『하늘과 바람과 별과 시』. 서울: 명지사, 1990.
전 광. 『365일 날마다 감사』. 서울: 생명의말씀사, 2010.
전병욱. 『히스기야의 기도』. 서울: 규장, 2002.
정요석. 『믿음 수업』. 군포: 도서출판 다함, 2020.
정채옥. "크리스천 취업모의 가정과 일의 양립에 관한 연구". 「ACTS 신학저널」 37 (2014).
진재혁. 『리더가 죽어야 리더십이 산다』. 서울: 21세기북스, 2014.
조건회. 『예배혁명』. 서울: 도서출판 예수전도단, 2016.
조기연. 『기도의 정석』. 서울: 대한기독교서회, 2014.
조동천. 『내 인생을 변화시킨 세 가지 질문』. 서울: 두란노, 2015.
좋은 글. "탤런트 김혜자와 김수미의 우정 이야기".
주강현. 페이스북 2021년 9월 3일.
주도홍. 『처음 시작하는 루터와 츠빙글리』. 서울: 세움북스, 2019.
주도홍. 『츠빙글리를 읽다』. 서울: 세움북스, 2020.
차정식. 『예수 인문학』. 서울: 새물결플러스, 2016.
차준희. 『시인의 영성 1』. 서울: 새물결플러스, 2021.
차준희. 『열두 예언자의 영성』. 서울: 새물결플러스, 2014.
최성은. "그러면 어떻게 살 것인가?②". 「지구촌비전」 260 (2021).
최성은. 『예배의 창문을 열라』. 서울: 두란노, 2020.
최영모 · 박경희. "거친 세상에서 거룩함을 지키며". 「생명의 삶 8월호」 (2021).
최태성. 『역사의 쓸모』. 서울: 다산북스, 2019.
침례신문. "세상 학문의 주인은 바로 하나님이십니다!". https://www.baptist-

news.co.kr/news/article.html?no=6185.
토모아키, 후카이.『신학을 다시 묻다』. 홍이표 역. 서울: 비아, 2018.
하근수.『0점의 가치』. 서울: 교회성장연구소, 2017.
한국문화신학회.『대중문화와 영성』. 서울: 도서출판 동연, 2021.
한국복음주의신약학회.『때를 얻든지 못 얻든지: 신약학자들의 설교』. 서울: 새물결플러스, 2021.
한병수.『기독교 인문학』. 서울: 부흥과개혁사, 2018.
한은경.『엄마가 행복해야 가정이 행복하다』. 서울: 두란노, 2013.
한재욱.『인문학을 하나님께』. 서울: 규장, 2018.
한재욱.『인문학을 하나님께2』. 서울: 규장, 2019.
홍인표.『강아지 똥으로 그린 하나님 나라』. 서울: 세움북스, 2021.
황성주.『절대감사』. 서울: 월드리더쉽센터, 2015.
Aniol, Scott.『건강한 예배를 위하여』. 송금섭 역. 서울: 생명의말씀사, 2018.
Anthony, Michelie.『하나님이 기뻐하시는 자녀교육』. 유정희 역. 서울: 두란노, 2011.
Barna, George.『성장하는 교회의 9가지 습관』. 조계광 역. 서울: 생명의말씀사, 2001.
Barth, Karl.『말씀과 신학』. 바르트학회 역. 서울: 대한기독교서회, 1995.
Barth, Karl.『하나님의 인간성』. 신준호 역. 서울: 새물결플러스, 2017.
Bavinck, Herman.『헤르만 바빙크의 교회를 위한 신학』. 박태현 역. 군포: 도서출판 다함, 2021.
Brunner, Emil. *The Divine Imperative*. London: Lutter Worth Press, 1932.
Benner, David G.『사랑에 항복하다』. 김성황 역. 서울: IVP, 2005.
Bunyan, John. *Praying with the Spirit and with Understanding Too* (1663).
Cantuariensis, Anselmus.『모놀로기온 & 프로슬로기온』. 박승찬 역. 서울: 아카넷, 2002.
Carr, Edward H. *What is history?*. Cambridge: Cambridge University Press, 1961.
Croce, Benedetto. *Teoria e storia della storiografia*. Bari: Laterza & Figli, 1920.

Currie, David A. 『빅 아이디어 예배: 성경적 예배의 원리와 실제』. 김대혁 역. 서울: CLC, 2019.

Danker, Frederick W. 『신약성서 그리스어 사전』. 김한원 역. 서울: 새물결 플러스, 2017.

Dawn, Marva. 『고귀한 시간 '낭비' -예배』. 김병국 · 전의우 역. 서울: 도서출판 이레서원, 2004.

Dunn, James D. G. 『바울신학』. 박문재 역. 파주: CH북스, 2003.

Foster, Richard J. *Celebration of Discipline: The Path to Spiritual Growth*. New York: Harper & Row, 1978.

Fromm, Erich. *The Art of Loving*. New York: Harper Perennial, 2006.

Junius, Franciscus. 『참된 신학이란 무엇인가』. 한병수 역. 서울: 부흥과개혁사, 2016.

Keller, Timothy. 『팀 켈러의 기도』. 최종훈 역. 서울: 두란노, 2015.

Lane, Tony. 『기독교 인물 사상 사전』. 박도웅 · 양정호 역. 서울: 홍성사, 2016.

Lewis, C. S. 『순전한 기독교』. 장경철 · 이종태 역. 서울: 홍성사 2001.

Lewis, C. S. 『책 읽는 삶』. 윤종석 역. 서울: 두란노, 2021.

Lewis, C. S. *Mere Christianity*. London: Harper Collins, 2002.

Maugham, William S. 『불멸의 작가, 위대한 상상력』. 권정관 역. 서울: 개마고원, 2008.

McGrath, Alister E. 『삶을 위한 신학』. 안종희 역. 서울: IVP, 2014.

McGrath, Alister E. 『신학이란 무엇인가』. 김지철 역. 서울: 복있는사람, 2014.

McGrath, Alister E. 『십자가로 돌아가라』. 정옥배 역. 서울: 생명의말씀사, 2014.

McGrath, Alister E. 『알리스터 맥그래스의 기독교 변증』. 전의우 역. 서울: 국제제자훈련원, 2014.

McGrath, Alister E. 『장 칼뱅의 생애와 사상』. 이은진 역. 파주: 비아토르, 2019.

McGrath, Alister E. 『지성의 제자도』. 노진준 역. 서울: 죠이북스, 2019.

McGrath, Alister E.『한권으로 읽는 기독교』. 황을호 · 전의우 역. 서울: 생명의말씀사, 2017.

Mcknight, Sccot.『예수 신경』. 김창동 역. 서울: 새물결플러스, 2015.

Moore, Russell D.『하나님과 동행하는 폭풍 속의 가정』. 김주성 역. 서울: 두란노, 2019.

Norville, Dedorah A.『감사의 힘』. 김용남 역. 서울: 위즈덤하우스, 2008.

Nouwen, Henri. *The Return of the Prodigal Son*. New York: Doubleday, 1992.

Olson, Roger E. & English, Adam C.『신학의 역사』. 김지호 역. 고양: 도서출판 100, 2019.

Osborne, Larry.『당신의 열심히 위험한 이유』. 장혜영 역. 서울: 새물결플러스, 2013.

Packer, James I. & Nystrom, Carolyn.『제임스 패커의 기도』. 정옥배 역. 서울: IVP, 2008.

Parker, T. H. *John Calvin*. London: J. M. Dent & Sons, 1975.

Peterson, Eugene H.『요한계시록 설교』. 홍종락 역. 서울: 복있는사람, 2021.

Pöhlmann, Horst Georg. *Abriβ der Dogmatik*. Gütersloh: Gütersloher Verlagshaus Gerd Mohn, 1990.

Ranke, Leopold von. *Geschichten der Romanischen und Germanischen Völker von 1494 bis 1514*. Leipzing: Duncker & Humblot, 1885.

Rekers, George A.『가정 상담』. 오성춘 역. 서울: 두란노, 2002.

Richard Coekin,『당신을 위한 에베소서 교회다움』. 장성우 역. 서울: 두란노, 2021.

Shahar, Tal Ben.『행복이란 무엇인가』. 김정자 역. 파주: 느낌이있는책, 2014.

Sproul, Robert C.『기도하면 정말 달라질까?』. 전의우 역. 서울: 생명의말씀사, 2011.

Sproul, Robert C.『성경적 예배』. 조계광 역. 서울: 지평서원, 2015.

Swindoll, Charles R.『행복한 가정의 탄생』. 윤종석 역. 서울: 도서출판 디모데, 2010.

Tozer, A. W. 『신앙의 기초를 세워라』. 강위봉 역. 서울: 생명의말씀사, 2012.

Tozer, A. W. 『예배』. 유정희 역. 서울: 규장, 2019.

Underhill, Evelyn. *Worship*. London: Nisbert and Co, 1936.

Vanhooze, Kevin J. 외 9인, Kevin J. 『하나님의 사랑』. 김광남 역. 서울: 이레서원, 2014.

Warner, J. Christopher. *The Augustinian Epic, Petrarch to Miton*. Ann Arbor: University of Michigan, 2005.

Willard, Dallas 편집. 『세상이 묻고 진리가 답하다』. 최효은 역. 서울: IVP, 2011.

Wright, N. Thomas. 『신약의 모든 기도』. 백지윤 역. 서울: IVP, 2015.

Wurthwein, Ernst. & Merk, Otto. 『책임』. 황현숙 역. 서울: 대한기독교서회, 1981.

Zak, Gur. *Petrarch's humanism and the Care of the Self*. Cambridge: Cambridge University Press, 2010.